Schirner
Verlag

Claudia Fabian

Lob und Anerkennung

... frei von Manipulation

Schirner Verlag

ISBN 978-3-8434-1337-4

Claudia Fabian:
Lob und Anerkennung
... frei von Manipulation

Umschlag: Silja Bernspitz, Schirner,
unter Verwendung von # 465686285
(© I WALL), # 487809796 (© Camillea),
611010998 (© iMoStudio),
www.shutterstock.com
Layout: Marie Springer, Schirner
Lektorat: Alina Machka, Schirner
Printed by: Ren Medien GmbH,
Germany

www.schirner.com

1. Auflage Juni 2018

Inhalt

Ich widme dieses Buch meiner Mutter,
die seit vielen Jahren ehrenamtlich in einer Grundschule
arbeitet und die Kinderaugen und -herzen mit ihrer
wertschätzenden und anerkennenden Art
zum Leuchten bringt.

Was ist eigentlich Lob?

Als Trainerin für achtsame und wertschätzende Kommunikation sowie als ganzheitliche mediale Lebensberaterin und Autorin gebe ich mit viel Freude mein Wissen in Einzelsitzungen, Vorträgen und Seminaren weiter. Nicht jeder hat jedoch die Zeit oder die finanziellen Möglichkeiten, solche Angebote wahrzunehmen und damit sein Leben aktiv friedlicher und erfolgreicher zu gestalten. Meine Bücher sollen hierzu eine Brücke sein.

Gern möchte ich jeden an den positiven, bestärkenden und auch erkenntnisreichen Erfahrungen teilhaben lassen, die Freude, Erleichterung und Liebe in mein Leben gebracht haben. Schon kleine Veränderungen in unserem Alltag helfen auf dem Weg zu mehr Harmonie im zwischenmenschlichen Miteinander. **Lob und Anerkennung** sind hierbei wichtige Bausteine, sofern sie weitestgehend ohne Manipulation erfolgen. Worte können somit Brücken sein – oder aber Trennung hervorrufen. Mit wenig Aufwand haben wir die Möglichkeit, viel zu gestalten.

Mein Anliegen ist es daher, meine Erfahrungen zu teilen und gleichzeitig zu ermutigen, sich besser kennenzulernen, um die Möglichkeit zu erhalten, sich selbst und damit auch anderen gegenüber ein liebevolles Verständnis aufzubauen. Ich möchte dazu bestärken, einmal innezuhalten, wertvolle neue Erfahrungen zu machen und den Horizont zu erweitern – mit der Chance, Erfolge zu feiern und das eigene Leben dankbarer, glücklicher und harmonischer zu gestalten.

Da wertschätzende Kommunikation nicht allein in der Theorie erlernt werden kann, habe ich als Anregung kleine erprobte Übungen mit aufgeführt, die sich als sehr hilfreich erwiesen haben. Denn oft spüren wir, dass in unserer Kommunikation etwas nicht passt bzw. das, was wir senden, nicht unbedingt das ist, was bei dem anderen ankommt. Aber wir wissen aufgrund unserer Erfahrungen eben nicht immer, wie wir etwas konkret besser machen können, um eine Reaktion auszulösen, die wir auch tatsächlich auslösen wollen. Beruhigend finde ich, dass wir alle jederzeit die Möglichkeit haben, etwas Neues zu lernen und uns damit in eine komfortablere Situation zu bringen.

Wir alle lernen ein Leben lang.

Während meiner Ausbildungen gab es einen Moment, in dem ich gedanklich ins Stolpern und Stoppen kam, als ich hörte, dass Lob »nicht gut« sei. Kann das sein, dachte ich? War Lob nicht grundsätzlich etwas »Gutes«? Darüber wollte ich mehr erfahren, da Lob in meinem bisherigen Leben ein »Instrument« im beruflichen wie im privaten Umfeld war. Mit offenen Ohren und spürendem Herzen hörte ich zu und stellte fest: Lob ist tatsächlich vieles – aus unterschiedlichsten Gründen.

- Lob ist notwendig.
- Lob ist Respekt und Wertschätzung.
- **Lob ist manipulativ.**
- Lob ist Liebe.
- **Lob ist nervend.**
- Lob ist Anerkennung.
- **Lob kann Ablehnung erzeugen.**
- Lob ist Bestätigung für den eingeschlagenen Weg.
- Lob ist heilsam – nach Kritik.
- **Lob ist unangenehm.**
- Lob ist ein Geschenk.
- **Lob ist trennend.**

- Lob verbindet.
- Lob ist wegweisend.
- **Lob ist unehrlich.**
- Lob ist subjektiv.
- Lob ist hilfreich.
- **Lob ist Bewertung.**
- Lob ist Motivation.
- Lob braucht Dankbarkeit.

Kann das alles sein? Und wie kann etwas grundsätzlich Anerkennendes wie Lob manipulierend, nervend oder trennend sein? Was ist der Unterschied zwischen Lob und echter Wertschätzung bzw. Anerkennung? Und wie können wir Lob als echte Wertschätzung formulieren – wenn wir sie denn tatsächlich geben wollen?

Nicht getadelt ist *gelobt genug*

Als ich diesen Satz das erste Mal hörte, konnte ich ihn zuerst nicht richtig nachvollziehen. »Nicht getadelt ist gelobt genug« – wann wird denn dann bitte gelobt, beziehungsweise einer Person für ihr Handeln Wertschätzung entgegengebracht? Richtig – nie!

Durch meine zahlreichen Vorträge und Seminare durfte ich erfahren, dass viele Menschen mit diesem Glaubenssatz – ausgesprochen vor allem von ihren Eltern und Großeltern – aufgewachsen sind und ihn verinnerlicht haben. Im Fokus dieser sogenannten Erziehung stand der Anspruch, dass die Kinder funktionieren und die ihnen übertragenen Aufgaben möglichst einwandfrei und ohne Diskussionen ausführen sollten. Im Fokus der Kinder stand wiederum, möglichst alles zur Zufriedenheit der Eltern zu erledigen und somit Tadel, Streit oder sogar körperlicher Gewalt aus dem Weg zu gehen.

Kinder sind in höchstem Maße von ihren Eltern und dem Umfeld, das für sie Verantwortung übernommen hat, abhängig. Sie richten daher ihre Fühler immer nach dem aus, was sie genau tun müssen, um ihr Umfeld milde zu stimmen und in Hinblick auf Unterstützung, Umsorgung, Liebe und Zuneigung sicher zu sein. Erziehungssysteme, die auf Strafe aufgebaut sind, verursachen nur Unterdrückung und Angst. Echte Wertschätzung dagegen wie Ermutigung, Bestätigung, Freude und Liebe inspiriert zur Entfaltung und lässt Vertrauen entstehen. Vertrauen zu bilden ist eine der ersten Aufgaben in der Entwicklung. Fehlt uns diese Vertrauensbildung, dann fehlt auch gleichzeitig ein Grundoptimismus, eine Grundzuversicht in uns und andere und somit eine wichtige Voraussetzung, um ohne Ängste und Stress zu leben und gesund zu bleiben.

Gerade für Kinder ist wertschätzendes Lob eine Orientierungshilfe im familiären Miteinander.

»Nicht getadelt ist gelobt genug.« Wenn diese Einstellung richtig wäre, würde einem Menschen zu keiner Zeit Lob, Wertschätzung, Respekt und Anerkennung geschenkt werden. Alles Positive und Angenehme würde als selbstverständlich wahrgenommen und gleichzeitig die Aufmerksamkeit darauf gelenkt werden, was nicht so läuft, wie gesagt oder sogar nur gedacht. »Nicht getadelt ist gelobt genug.« Wenn wir diesen Satz aus unserer Erziehung glauben, annehmen und in unser späteres Leben integrieren, sind wir oftmals kaum in der Lage, anderen Wertschätzung und Lob entgegenzubringen. Es ist daher nicht verwunderlich, dass so viele Menschen mit sich selbst und mit den Menschen in ihrem Umfeld nicht wertschätzend und respektvoll umgehen können.

Ein respektvoller Umgang ist jedoch elementar wichtig, um ein glückliches, zufriedenes und erfolgreiches Leben zu führen. Denn in der heutigen Zeit werden wir weder im privaten noch im beruflichen Umfeld Erfolge feiern können, wenn wir nicht in der Lage sind, anderen für ihre Arbeit und ihr Engagement Respekt und Wertschätzung entgegenzubringen. Situationen und Handlungen werden so als selbstverständlich bewertet, auch wenn sie es in Wahrheit nicht sind. **Lob ist also tatsächlich notwendig.** Auch im beruflichen Kontext werden diese sogenannten Soft Skills immer wichtiger und entscheiden zunehmend über die berufliche Laufbahn.

Ein Beispiel, welche Auswirkungen ehrliche Anerkennung haben kann, ist das ehrenamtliche Engagement, ohne das unsere Gesellschaft kaum existieren könnte. Dieses lebt zu einem sehr großen Teil von der Wertschätzung, die ehrenamtliche Mitarbeiter erhalten, die Lebenszeit und Liebe dem Allgemeinwohl zur Verfügung stellen. Meine Mutter ist zum Beispiel auch noch mit Mitte 70 in einer Grundschule engagiert und hilft den Lehrern und Schülern beim Unterricht. Der ehrliche Dank der Lehrer und der Schulleitung, verbunden mit der Dankbarkeit und Freude der Kinder, z. B. in Form von liebevoll gemalten Bildern, sind der eigentliche Grund für die vielen Stunden, die sie investiert. **Lob und Anerkennung können eine große Motivation sein.**

Den Fokus mal auf das Schöne richten

Dieses Kapitel möchte ich gern mit einer kleinen Übung beginnen. Ich bitte dich, einen Zettel und einen Stift zur Hand zu nehmen. Denke jetzt an einen dir nahestehenden Menschen, mit dem du gestern Kontakt hattest. Vielleicht ist es dein Kind, deine Partnerin oder dein Partner, deine Mutter oder dein Vater, deine Schwester, dein Bruder oder ein guter Freund … Nimm dir einige Minuten Zeit für dich, und notiere dir, was dir mit diesem Menschen Schönes widerfahren ist. Was hat dich berührt, was hat dich eventuell begeistert, was hat dir ein Lächeln auf die Lippen gezaubert oder einfach ein kleines oder großes Glücksgefühl in dir ausgelöst? Mache diese Übung unbedingt schriftlich. So kannst du die nun folgenden Erläuterungen besser nachvollziehen.

Fiel es dir leicht, dir einige schöne Momente zum Beispiel mit deinem Kind zu notieren? Dann bist du womöglich etwas geübter darin, auch die kleinen Glücksmomente des Tages wahrzunehmen. Oder fiel es dir eher schwer, etwas Angenehmes am gestrigen Tag zu finden und kleine Glücksgefühle aufzustöbern? Sind dir eventuell blitzartig nur die Dinge präsent gewesen, die nicht so funktioniert haben? Dann bist du in guter Gesellschaft. Eine Teilnehmerin einer meiner Vorträge

bemerkte bei dieser Übung, es wäre so viel leichter, zehn Zettel mit Dingen zu füllen, über die sie sich geärgert hat. Aber nur eine Kleinigkeit pro Kind zu finden – und in diesem Fall ging es um ihre eigenen Kinder – fiel ihr unendlich schwer.

Damit geht es ihr wie vielen anderen Menschen auch. Wir sind so sehr auf das fokussiert, was nicht funktioniert, und können dadurch die schönen Dinge, die im Laufe eines Tages sicher ebenso stattfinden, nicht mehr sehen. Unser Blick ist stattdessen bei all dem, was wir oder andere hätten besser machen können oder was in unserer Wahrnehmung nicht gut genug war. In der Folge sind wir unzufrieden und ärgerlich und machen häufig andere für unseren Seelenzustand verantwortlich. Dabei haben wir es selbst in der Hand, unsere Wahrnehmung zu steuern und zu verändern.

Bedauerlicherweise werden wir bereits von Kindheit an geprägt, unser Augenmerk darauf zu richten, was verbessert werden kann. Schon in den Kindergärten und Schulen liegt die Aufmerksamkeit auf dem Verbesserungspotenzial, und die Kinder werden als zu ruhig, zu laut, zu unruhig, zu unsportlich, zu langsam … kategorisiert und abgestempelt. Gleichzeitig liegt der Fokus darauf, wie wir die ruhigen Kinder etwas lebendiger machen können, die lauten etwas leiser, die unruhigen etwas ruhiger usw. Der Blick richtet sich häufig nicht auf die Talente der Kinder und auf das Anliegen, diese zu fördern, sondern auf alles, was nicht in unsere vorgefertigte standardisierte Form passt. Dieses Verhalten löst nicht nur bei Kindern, sondern ebenso bei den Eltern regelmäßig Stress aus. Um den Anforderungen der heutigen Gesellschaft zu genügen, wird ein solcher Blickwinkel häufig übernommen, und es wird sich in immer höherem Maß auf das konzentriert, was verbessert und geändert werden muss. Dies setzt sich bei Kindern unbewusst in ihrem weiteren beruflichen und privaten Erwachsenenleben fort und ist damit ein selbstverständlicher Teil dessen geworden, wie wir mit uns und anderen umgehen. Denn, nicht zu vergessen, dieses antrainierte Verhalten legen wir auch uns selbst gegenüber an den Tag.

Wie oft kritisieren wir uns selbst und glauben, unsere Leistung sei nicht erwähnenswert oder nicht gut genug. Im Sport, in Vereinen, egal wo – es darf gern noch mehr, besser, umfangreicher sein. Dabei verlieren wir völlig den Blick für das, was wir schon erreicht haben. Wenn wir jedoch unsere Erfolge nicht sehen können und vor allem nicht feiern, sondern stattdessen sogleich nach dem nächsten Ziel Ausschau halten, fehlen das Innehalten, die Dankbarkeit und die Anerkennung uns selbst gegenüber, oder sie werden auf einen Sekundenbruchteil reduziert.

Beispiel

Perspektivenwechsel – von dem, was uns im Leben zu fehlen scheint, zu dem, was bereits da ist

Thomas ist 55 Jahre alt. Er ist seit 30 Jahren glücklich verheiratet und hat zwei gesunde und lebensfrohe Kinder, die ihm viel Freude bereiten. Auch wenn sein Job anspruchsvoll ist, kann er sich immer wieder Freiräume schaffen, und vor allen Dingen steht ihm das Wochenende vollumfänglich für seine Freizeit und seine Familie zur Verfügung. Das Haus, in dem er lebt, ist groß, sodass für alle ausreichend Platz vorhanden ist, und hat einen wunderschönen Garten, von seiner Frau liebevoll gepflegt. Fahrräder und zwei Autos stehen vor der Tür. Das hört sich an und für sich ganz gut an, oder? Thomas ist jedoch seit vielen Jahren unzufrieden. Warum?

Sein Schwager fährt ein Auto, das größer, schneller und schicker ist – er selbst besitzt »nur« ein typisches Familienauto. Die neue Stereoanlage der Nachbarn ist etwas, was er sich nicht leisten kann. Der Freund aus dem Sportclub hat nun einen riesigen Flachbildfernseher, den Thomas sich in seinem Wohnzimmer aus Platzgründen nicht installieren könnte. Der Kollege fährt schon wieder in den Urlaub, und er selbst konnte sich in diesem Jahr »nur« zwei Wochen Amerika und zwei Kurzreisen gönnen. Egal, was es ist, in den Vergleichen, die er vornimmt, zieht er immer den Kürzeren. Die anderen haben grundsätzlich mehr, bessere Dinge, oder ihnen fällt alles im Leben einfach zu, so glaubt er.

Durch seine Vergleiche manövriert sich Thomas selbst in eine Opferrolle. Eine Wertschätzung seiner Lebensleistung kann damit zwangsläufig nicht stattfinden. Auch die Anerkennung für seine Arbeit vonseiten seiner Familie, die allen einen guten Lebensstandard bietet, kann von ihm nicht gehört werden. In seiner Wahrnehmung ist das, was er vollbracht hat, nicht gut genug und damit nicht lobenswert.

Inzwischen spiegelt sich die Betrachtung seines Lebens in seinem Körper wider. Die Schultern schmerzen, der Rücken tut weh, und die Beine wollen ihn schon seit vielen Jahren auf diesem Weg, den er eingeschlagen hat, nicht mehr tragen. Operationen an den Knien bringen ihn schließlich zum vollständigen Innehalten. Seine Seele hat ihn gezwungen, einen Stopp einzulegen und sein Leben einmal neu zu betrachten. Thomas wurde durch sein Krankheitsbild und seine Auseinandersetzung damit dazu angeregt, eine neue Sichtweise einzunehmen, die schönen kleinen Dinge wahrzunehmen, nicht alles als selbstverständlich hinzunehmen und konnte so sein Leben freudiger gestalten. Eine anfängliche Traurigkeit über die Vergangenheit, in der er sein Leben aufgrund der vielen von ihm konstruierten Vergleiche nicht genießen konnte, ist nun einer großen Erleichterung gewichen. Heute kann er erkennen, wie viel Lebensqualität er bereits besitzt und immer hatte. So konnte Dankbarkeit anstelle von Minderwertigkeitsgefühlen entstehen.

Wenn wir uns permanent mit anderen Personen vergleichen, bringen wir uns um den Genuss unseres Lebens.

Situationen, die in uns keine Spannungen oder Ärger auslösen, werden häufig überhaupt nicht mehr wahr- oder – schlimmer noch – unbewusst als naturgemäß hingenommen. Wenn wir jedoch unsere Arbeit, unsere Leistungen ausschließlich als selbstverständlich betrachten, verweigern wir uns selbst die Anerkennung wie in dem Beispiel von Thomas. Aufgrund unserer Sichtweise können wir uns damit auch nicht mehr Lob und Wertschätzung schenken, da sie uns als nicht angemessen erscheinen. In unseren Augen haben wir sie uns noch nicht verdient. Wenn wir mit einer derartigen Prägung aufwachsen, hat das fatale Auswirkungen auf unser eigenes Erleben, auf das Leben, das wir uns in diesem Sinne gestalten, sowie auf die Menschen in unserem Umfeld.

Die permanente Ausrichtung auf ausschließlich das, was gerade nicht so passend ist, macht nicht nur uns selbst, sondern auch unser Umfeld unzufrieden. Menschen, die nur Probleme sehen und deren Glas grundsätzlich halb leer ist, sind für ihre Mitmenschen demotivierend und anstrengend. Frust, Stress bis hin zu Depressionen sind Auswirkungen, die wir selbst produzieren. Unser Körper als Resonanzfläche für jeden Gedanken, den wir denken, und für jedes Wort, das wir sprechen bzw. hören, bekommt die Schwingungen dieser Unzufriedenheit permanent zu spüren. Kein Wunder also, wenn eine derartige Einstellung entsprechende Körperreaktionen produziert.

Wenn wir unsere Aufmerksamkeit dagegen auf all die Situationen richten, die in unserer Wahrnehmung gut und erfolgreich sind, verändern wir damit auch ganz unbewusst unser Verhalten uns selbst und auch anderen Menschen gegenüber.

Gerade in zwischenmenschlichen Beziehungen ist das Zusammenspiel von Ursache und Wirkung sehr gut zu beobachten.

Wir haben uns unsere Partnerin oder unseren Partner ausgesucht, da uns die Persönlichkeit gefallen hat, das Aussehen, das Lachen, die Augen, die Gesten, die Eigenschaften und Talente. Am Anfang einer Beziehung legen wir den Fokus genau auf das, was schön ist und uns persönlich gefällt. Im Laufe der Zeit verändert sich die Aufmerksamkeit häufig hin zu dem, was uns stört. Ich glaube persönlich, dass wir immer den richtigen Partner zur richtigen Zeit haben, um in unserem Leben zu lernen und zu wachsen. In einer Beziehung ist es daher die große Herausforderung und auch Aufgabe, die »positiven« Aspekte nicht aus den Augen zu verlieren und zu verstärken und mit den herausfordernden Eigenschaften wertschätzend umzugehen. Denn die Eigenschaften, die uns am anderen stören, sind in der Regel die, die wir an uns selbst vermissen oder ablehnen, und bieten damit jede Menge Inhalte zur Selbstreflexion.

Wenn wir jedoch beginnen, den Fokus nur auf das zu legen, was uns missfällt, setzen wir eine Abwärtsspirale in unserer Beziehung in Gang. Wir kritisieren, machen Vorwürfe, formulieren Schuldzuweisungen, sind genervt und ärgerlich und manövrieren uns damit in eine Situation, in der Respekt und Achtsamkeit fehlen. Der Partner wird mit diesem Verhalten definitiv nicht motiviert, das eigene Verhalten zu ändern oder zu überdenken, sondern beginnt unbewusst, Schutzmechanismen aufzubauen und in die Verteidigung zu gehen. Schon bei der Verwendung dieser Wörter wie »Schutzmechanismus« und »Verteidigung« erkennen wir, dass wir uns mehr in einer Kriegsterminologie befinden als in der einer liebevollen Partnerschaft. Unser eigenes Verhalten bzw. das Lenken unserer Aufmerksamkeit und damit unserer Energie auf das, was nicht gefällt, hat zu einem wesentlichen Teil diese Situation erschaffen.

Die Energie folgt immer der Aufmerksamkeit und erschafft eine Resonanz in unserem Leben.

UNSERE WAHRNEHMUNG SCHULEN

Während wir mit einer unglaublich großen Sensibilität die kleinsten Unstimmigkeiten aufspüren, braucht es im Umkehrschluss ein sehr viel bedeutsameres und größeres Erlebnis, bis wir etwas Angenehmes, etwas Erfreuliches registrieren. Wir haben verlernt, die kleinen Glücksmomente des Lebens zu bemerken. Was könnten solche kleinen Glücksmomente sein?

Hier eine kleine Auswahl:

- Die Sonne scheint.
- Jemand lacht uns an und ist freundlich.
- Wir haben Spaß und Freude an gemeinsamen Erlebnissen mit Familie und Freunden.
- Wir führen einen wertschätzenden und erfolgreichen Dialog.
- Der Frühstückstisch ist gedeckt, wir brauchen nichts mehr zu tun.
- Wir erhalten eine herzliche Umarmung oder eine andere liebevolle Geste.

- Alle haben geholfen, das Auto vom Schnee zu befreien, das Laub im Garten aufzusammeln …

- Wir können unsere Bedürfnisse erfüllen, und andere unterstützen uns dabei: »Du kannst ruhig gehen, wir machen das schon.«

- Wir bekommen etwas geschenkt, mit dem wir nicht gerechnet haben, wie zum Beispiel etwas Selbstgebasteltes von unserem Kind, ein Mitbringsel vom Ausflug …

- Unser Kind hat sich mit Freude in die neue Kindergartengruppe integriert.

- Wir werden zum Essen eingeladen.

- Wir haben ein erfolgreiches Gespräch geführt.

- Wir sind befördert worden.

- Wir haben an einem Seminar teilgenommen.

Das Leben, Kinder, Partner, Freunde … und wir selbst liefern eine Vielzahl von Glücksmomenten, wenn wir bereit sind, sie zu sehen, und sie nicht als selbstverständlich abtun.

ÜBUNG
FÜR EIN GLÜCKLICHERES LEBEN

Ich lade dich dazu ein, dein Leben ab sofort neu zu betrachten. Lege ganz bewusst den Fokus auf das Schöne, und halte einen Moment inne. Genieße es, wenn sich Kleinigkeiten einfach mal »von allein« erledigen, wenn dein Partner, dein Chef oder dein Kollege dich zum Beispiel unterstützen oder dir auf unterschiedlichste Weise gezeigt wird, wie wichtig du bist.

Erst wenn wir die kleinen und großen schönen Dinge des Lebens erkennen können, versetzen wir uns in die Lage, Lob auszusprechen und gegebenenfalls echte Wertschätzung zu schenken.

Ich bin ein großer Fan von Listen. Warum? Ganz einfach, auf diese Weise kann ich für mich Inhalte sichtbar machen und festhalten. Ich kann über einen längeren Zeitraum damit arbeiten und ganz ehrlich sein, denn diese Listen bekomme – sofern ich mich nicht anders entscheide – nur ich zu Gesicht. Vielleicht magst du für dich selbst eine Liste erstellen, eine Liste mit all den Dingen und Situationen, die in deinem Leben schön, angenehm oder bereichernd sind, um damit ganz bewusst deinen Fokus zu verändern.

Es kann sein, dass dir dieser Perspektivenwechsel nicht sofort leichtfällt, da wir uns in der Regel wenig mit den angenehmen

Aspekten in unserem Leben beschäftigen. Starte daher mit den Umständen, die dir spontan einfallen, und beschäftige dich anschließend auch mit Dingen, die wir häufig als ganz selbstverständlich hinnehmen, wie zum Beispiel, dass wir in einem Land leben, das relativ sicher ist, dass in unserem Umfeld grundsätzlich Meinungsfreiheit herrscht, dass wir über ein medizinisches System versorgt sind … Umstände, die für viele Menschen auf diesem Planeten der pure Luxus sind.

Frage dich selbst: Bist du gesund? Hast du schöne Haare, Hände, Haut …? Hast du einen Job? Hast du eine Wohnung? Hast du Möbel, die du magst? Hast du ein Auto? Hast du einen Partner? Hast du Hobbys, die du ausleben kannst? Hast du Interessen, denen du nachgehen kannst? Gibt es Reisen, die du realisieren konntest? Hast du Talente, die du an dir schätzt, wie zum Beispiel kochen zu können, handwerklich geschickt zu sein, bist du musikalisch oder kreativ …?

Schau einfach mal in Ruhe hin, was dein Leben so ausmacht, anstatt dir darüber Gedanken zu machen, dass der Job ein anderer sein könnte, die Wohnung etwas größer sein dürfte oder das Auto etwas schneller fahren könnte. Gehe bewusst raus aus dem Vergleich mit anderen Personen, denn es wird immer jemanden geben, der klüger ist, über mehr Geld verfügt oder einen besseren Job hat.

Bevor wir ein Lob aussprechen können, brauchen wir eine gewisse Dankbarkeit für das, was wir in unserem Leben bereits vorfinden.

Bewahre deine Liste aus der Übung auf, du benötigst sie noch für die Übung »Lob und Anerkennung bewusst aussprechen« (siehe S. 87).

Dieser Perspektivenwechsel – weg von den Umständen, die uns ärgern, hin zu den Situationen, die uns erfreuen, – führt gleichzeitig dazu, dass sich unser Leben insgesamt harmonischer und glücklicher gestaltet. Wie kann das sein?

Alles, was wir denken und aussprechen, ist Energie und beinhaltet eine bestimmte Schwingung. Genau das, worauf wir unseren gedanklichen Fokus, unsere Aufmerksamkeit legen, ziehen wir so in unser Leben. Das bedeutet, wenn wir uns den ganzen Tag auf die Dinge konzentrieren, die uns missfallen, über die wir uns ärgern oder von denen wir glauben, sie dringend ändern zu müssen, ziehen wir automatisch genau diese Sachverhalte weiter in unser Leben. Die Energie folgt immer der Aufmerksamkeit, die eine energetische Aufforderung ist, uns in unserem äußeren Leben genau das zu liefern.

Vielleicht kennst du ähnliche Erlebnisse wie diese:

Während du intensiv an eine Person denkst, mit der du gern noch etwas besprechen möchtest, klingelt das Telefon und genau diese Person ist nun am Apparat. Oder wir denken intensiv an jemanden, und plötzlich steht derjenige direkt vor uns.

Ich kann mich noch gut an eine Situation erinnern, als ich damals in Berlin dringend mit meinem Osteopathen etwas besprechen wollte. Den ganzen Vormittag ging mir dieser Wunsch nicht mehr aus dem Kopf. Als ich in der Mittagspause kurz etwas essen gehen wollte, traf ich ihn auf dem Weg zum Restaurant. Nachdem wir die fachlichen Themen besprochen hatten, erzählte ich ihm, dass ich den ganzen Vormittag an ihn gedacht hatte. Er schüttelte den Kopf, lachte und sagte: »Jetzt verstehe ich das. Normalerweise gehe ich mittags niemals raus, aber heute hat mich etwas dazu angetrieben, mittags spazieren zu gehen.« Spannend war an dieser Situation damals für mich, dass wir uns weder davor noch danach jemals wieder »zufällig« getroffen haben, obwohl wir zehn Jahre lang in unmittelbarer Nähe gearbeitet haben.

Diese Erkenntnis meiner geistigen Möglichkeiten habe ich intensiv in mein Leben integriert, um Menschen zu treffen bzw. Situationen nach meinen Wünschen zu kreieren, wie zum Beispiel das Finden der passenden Wohnung zum richtigen Zeitpunkt und in meiner favorisierten Wohngegend.

Da ich zutiefst davon überzeugt und im Vertrauen bin, dass wir mit unseren Gedanken Realität erschaffen, hatte ich seinerzeit meine Wohnung gekündigt, ohne eine Alternative zu haben. Allerdings wusste ich ganz genau, in welche Gegend ich gern ziehen wollte. Regelmäßig habe ich mich sodann in dieser Gegend aufgehalten, bin in den Straßen spazieren gegangen und habe mich auf eine Bank gesetzt und mir vorgestellt, genau in diesem Bereich zu wohnen. Obwohl einige Freunde sich über meine Strategie des Wohnungsfindens amüsierten und andere mich für »sehr mutig« erklärten, da sich nachweislich in dieser Wohngegend eher Eigentumswohnungen und keine Mietwohnungen befinden, bin ich absolut im Vertrauen geblieben. Als Ergebnis habe ich eine wundervolle Wohnung gefunden, genau nach meinem Geschmack, genau in der Straße, in die ich unbedingt wollte. Und tatsächlich – es war die einzige Wohnung weit und breit, die in dem ganzen Viertel als Mietwohnung zur Verfügung stand.

Zufall? Das könnte man auf den ersten Blick meinen. Allerdings bin ich bereits sehr oft in meinem Leben aus beruflichen oder privaten Gründen umgezogen und habe diese Art der Wohnungssuche bereits mehrfach mit Erfolg genauso wiederholt.

Ich könnte von diesen Beispielen noch unzählige berichten. Insofern möchte ich an dieser Stelle nur empfehlen, es einmal auszuprobieren und auf die Resonanzen im Alltag bewusst zu achten. Auf diese Art und Weise kann ein Verständnis für die Mechanismen des Lebens entstehen und ein Vertrauen in uns und unsere Möglichkeiten. Wir haben sehr viel mehr in der Hand, als uns in der Regel bewusst ist. Wir haben die Chance, unser Leben aktiv zu gestalten. Je dankbarer und wertschätzender wir sind, das auch entsprechend kommunizieren und im Vertrauen bleiben, dass diese Wertschätzung den Weg zu uns zurückfindet, desto mehr Liebe und Freude werden wir in unserem Leben vorfinden.

Das Energiegesetz funktioniert immer. Das, worauf wir unseren Fokus legen, ziehen wir in unser Leben.

Lobst du schon?

Nein? Dann dürften die beiden vorherigen Kapitel für dich sehr wichtig gewesen sein. Wenn wir in unserer Familie mit Strukturen groß geworden sind, die Lob und Anerkennung ausgeschlossen haben, dann fehlt uns etwas, das wir daher eben nicht anwenden können. Infolgedessen haben wir es bis heute so gut gemacht, wie es uns eben möglich war. Die Chance, etwas zu ändern, besteht jetzt.

Vielleicht lobst du schon, da diese Form von Anerkennung in deiner Familie gelebt wurde oder du für dich erkannt hast, dass es zu einem gesunden Miteinander dazugehört? – Dann schauen wir uns gemeinsam an, ob es sich um echtes Lob und echte Anerkennung handelt.

DIE VERSCHIEDENEN ARTEN DES LOBENS

DAS EINFACHE LOB ALS POSITIVE BEWERTUNG

Mit dem schlichten Lob »Das finde ich gut« teilen wir jemand anderem mit, dass etwas in unseren Augen gut ist – »gut« und »nicht schlecht«. Das bedeutet im Umkehrschluss, dass wir die Handlungen des anderen erst einmal einer kurzen innerlichen Überprüfung unterziehen, um dann, nach welchen Maßstäben auch immer, die Bewertung vorzunehmen und ein Urteil zu fällen.

Wollen wir jedoch wirklich mit unserem Lob bewerten, oder wollen wir nicht vielmehr etwas anderes ausdrücken, nämlich echte Wertschätzung? Ich höre schon die Stimmen, die jetzt verunsichert sind, da sie bis zu dieser Sekunde gedacht haben, dass sie Anerkennung geben. **Allerdings ist diese Art von Lob eben auch Bewertung, eine positive Bewertung.** So eine Art von Lob ist oftmals Orientierung für andere. Wir bekommen mitgeteilt, was in der Wahrnehmung des Lobenden richtig oder falsch ist. Lob hilft, Regeln einzuhalten. Wenn wir Regeln einhalten, »muss« es sich allerdings auch lohnen – zum Beispiel durch Lob und Anerkennung. Das ist der Kreislauf, der häufig in der Erziehung genutzt und praktiziert wird.

Zum Unterschied zwischen echtem Lob und Wertschätzung – ohne Bewertung und Beurteilung in Richtig oder Falsch, Gut oder Schlecht – kommen wir gleich.

DAS UNEHRLICHE LOB

Eine weitere Form ist das unehrliche Lob. Wir loben jemanden, obwohl wir es nicht wirklich von Herzen so meinen. Anhand eines Beispiels aus der Schule möchte ich aufzeigen, was damit gemeint ist.

Beispiel

Die Noten sagen etwas anderes

Eine Lehrerin hat ihre Schüler gelobt – »Ihr seid wirklich alle supertoll!« –, obwohl weder der Klassenspiegel mit den aufgezeichneten Noten noch die Resonanz im Unterrichtsraum diesen Satz hätten belegen können. Ihre Intention in Ermangelung anderer kommunikativer Möglichkeiten war, die Kinder zu bestärken und aufzumuntern. Sie hoffte, bewusst oder unbewusst, dass die Kinder ihre Aussage in eine sichtbare Realität umwandeln würden und sich anstrengen, um dieser Aussage einen Wahrheitsgehalt zu geben.

Wie sich herauskristallisierte, war den Kindern dagegen das Lob unangenehm, weil sie genau wussten, dass es nicht ehrlich gemeint war, da sie ihre Noten und schulischen Leistungen sehr gut selbst einschätzen konnten. Die Lehrerin verlor in den Augen der Kinder damit an Glaubwürdigkeit.

Wenn wir Anerkennung aussprechen, ohne sie wirklich von Herzen zu meinen, dann wird unser Lob nicht in diesem Sinne ankommen.

DAS GIESSKANNENPRINZIP

Loben nach dem Gießkannenprinzip hat in gewisser Hinsicht auch schon die Lehrerin in dem Beispiel vom unehrlichen Lob getan, als sie alle Kinder gleichermaßen angesprochen hat und dabei in ihrer Individualität nicht mehr berücksichtigen konnte.

Beispiel

So gut war‘s nun auch wieder nicht

Ein Beispiel: Sara war vernarrt in ihr Kind. Egal, was ihr 5-jähriger Sohn tat, sie war begeistert, und das teilte sie ihm auch

ununterbrochen mit. Ihr Sohn war allerdings von diesem ewigen Loben genervt und bat sie, das doch sein zu lassen. Er wollte es nicht mehr hören.

Sie war ganz unglücklich, als sie zu mir kam, und konnte die Ablehnung ihres Sohnes nicht verstehen. Es war doch so gut gemeint gewesen. Was ist da schiefgelaufen?

Ihr Sohn hat sich in seinem Tun nicht wahrgenommen gefühlt. Gerade wenn wir selbst von dem, was wir vollbringen, nicht immer begeistert sind, weil etwas zum Beispiel nicht so ausgegangen ist, wie wir uns das gewünscht haben, dann können wir Lob schwer annehmen. Gleichzeitig entsteht unbewusst der Druck, alles »richtig« machen zu müssen, um niemanden zu enttäuschen. Misserfolg gehört jedoch wie Erfolg zum Leben und ist ein wichtiger Teil der Entwicklung, der bei permanentem Lob nicht ausgelebt und geteilt werden kann. **Lob kann tatsächlich nervend sein.**

Nach der kommunikativen Veränderung des Lobs hin zu echter Wertschätzung konnte ihr Sohn Saras Anmerkungen wieder zuhören und war zunehmend an ihrer Meinung interessiert.

DAS LEISTUNGSLOB

Eine weitere Form ist das an eine bestimmte Leistung gebundene Lob. Nur mit dieser Leistung ist es auch »gültig«. Diese Variante ist ebenfalls relativ häufig anzutreffen: »Herr Maier, Sie sind wirklich unser bester Mann. Wie Sie wieder diese Excel-Liste erstellt haben. Ich hätte hier noch zwei Listen, um deren Überarbeitung ich bitte«, »Martina, du bist toll, dein Essen ist hervorragend – kannst du morgen bitte wieder meine Lieblingsspeise machen?« oder: »Annika, du hast heute wirklich sehr gut im Haushalt geholfen – ich liebe dich.«

Egal, ob im privaten oder beruflichen Umfeld, diese Art des Lobes dürfte jedem bekannt vorkommen. Interessanterweise spüren wir intuitiv, dass es nicht wirklich wertvoll ist. Wir werden gelobt, weil wir etwas getan haben, das der Person gegenüber offensichtlich gefällt und auf deren Wiederholung sie mit dem Lob hofft oder sogar drängt. Was ist jedoch, wenn Herr Maier keine Excel-Listen mehr erstellt, Martina das Kochen einstellt und Annika nicht mehr im Haushalt hilft? Ist Herr Maier dann kein »bester Mann« mehr, Martina nicht mehr toll, und wird Annika dann nicht mehr geliebt? Wenn wir eine bestimmte Leistung an das Lob für eine Person binden und sie dabei loben, geraten wir in die Manipulation. Vor allem dann, wenn wir loben, um wiederum jemanden dazu zu bekommen, die Arbeit, die er bereits geleistet hat, zu wiederholen oder fortzuführen. **Lob ist Manipulation.**

Wenn wir also demnächst loben, dürfen wir uns selbst fragen, ob wir es tun, um dem anderen Wertschätzung zu geben oder aber um den anderen dahingehend zu beeinflussen, die Leistung oder ein Verhalten zu wiederholen. Eine Frage, die nur jeder für sich selbst in den betreffenden Situationen beantworten kann.

Gerade wenn es um Liebe geht, ist Lob ein hochsensibles Thema. Liebe ist vom Grundsatz her bedingungslos. Wenn wir bestimmte Leistungen als Bedingung für Liebe erhalten, sind wir definitiv nicht mehr in der Liebe.

Lob und Manipulation – wie passt das zusammen?

Der Begriff »Manipulation« setzt sich aus zwei Wörtern zusammen. Zum einem aus dem lateinischen Wort *manus*, das »Hand« bedeutet, und *plere*, das so viel wie »füllen« heißt. Im wörtlichen Sinne bedeutet Manipulation also »eine Handvoll zu haben« bzw. im übertragenen Sinne, die Situationen oder Dinge »in der Hand zu haben«. Im technischen Bereich wird dieser Begriff im Sinne von »Handhabung« verwendet und ist damit ein Hinweis auf eine Tätigkeit. Die Manipulation einer Sache bezeichnet ganz wertneutral deren Handhabung und gegebenenfalls Bearbeitung. Wir haben sozusagen »Einfluss genommen«.

Was bedeutet das für unseren Alltag? Streng genommen manipulieren wir indirekt den ganzen Tag. Wenn wir morgens mit einem Lächeln aufstehen, hat das auf unser Gegenüber einen anderen Einfluss, als wenn wir bereits schlecht gelaunt sind. Ein einfaches Gespräch, während dem unser Gesprächspartner an etwas erinnert wird und wir mit unseren Worten eine Veränderung bei ihm auslösen, ist Einfluss. Das Aufnehmen von Informationen durch reden und zuhören, durch lesen – wie zum Beispiel das Lesen dieses Buches – oder durch das Betrachten von Menschen, Situationen und Dingen führt bzw. kann letztendlich zu Veränderungen führen und ist damit ebenfalls Manipulation – von uns selbst. Egal, welche Informationen wir erhalten, unser Gehirn beginnt augenblicklich, sie zu verarbeiten. Dies führt automatisch zu neuen Erkenntnissen und damit zu einer unbewussten Veränderung unseres Denkens.

Wie wir mit unseren Kindern umgehen, wird einen lebenslangen Einfluss auf sie haben, wie wir mit unserer Partnerin oder unserem Partner umgehen, wird Einfluss auf das gemeinsame Leben haben. Was wir essen, wird Einfluss auf unseren Körper haben, wie wir uns unserer Umwelt gegenüber verhalten, wird Einfluss auf unser Lebensumfeld haben, und wie wir mit unserer Seele, unseren Gefühlen und unseren Bedürfnissen umgehen, wird Einfluss auf unsere Gesundheit und unser Leben haben.

Wer also glaubt, er habe keinen Einfluss auf andere Menschen und sein Leben, der täuscht sich. Die Auswirkungen unseres

Handelns und unserer Kommunikation sind meist sehr viel größer, als wir es vermuten. In letzter Konsequenz haben wir allein dadurch Einfluss auf andere Menschen, indem wir leben und atmen.

Letztendlich hat alles, was wir tun, Einfluss und Auswirkungen auf Menschen, auf die Natur und auf das Leben im Allgemeinen.

Als Kommunikationstrainerin geht es mir allerdings um die direkte und zielorientierte Manipulation, mit der wir eben durch den Austausch von gezielten Informationen etwas Bestimmtes erreichen wollen – eine Resonanz zu unseren Gunsten. Im Alltag können wir hierzu jede Menge Praxisbeispiele finden, zum Beispiel in der Politik, in der Werbung und im Fernsehen wie auch durch Gesetze und Regeln, bestimmte Gepflogenheiten und Traditionen. Doch auch Strafe wird genutzt, um Menschen zu manipulieren.

Manipulation bedeutet, etwas gezielt zu beeinflussen und das möglichst unerkannt und im Verborgenen, um ein Ergebnis in eine bestimmte Richtung zu lenken und damit verdeckt Einfluss auf menschliche Prozesse zu nehmen. Die Werbung im Fernsehen ist hierfür ein klassisches Beispiel: Uns wird ununterbrochen und in kurzen Abständen suggeriert, bestimmte Produkte zu benötigen, die uns schlanker und schöner werden lassen oder uns dabei unterstützen, zu einer bestimmten Gruppe von Menschen zu gehören. Ob dieses Produkt tatsächlich einen echten Mehrwert für uns hat und ob wir es tatsächlich brauchen, ist nicht das Thema. Ziel der Werbung ist, die Verbindung zwischen Produkt und Notwendigkeit in unserem Gehirn zu verknüpfen und uns zum Kauf zu bewegen. Hierbei werden bestimmte Methoden genutzt, bei denen die Industrie festgestellt hat, dass Menschen sich so unbewusst besonders leicht in eine bestimmte Richtung lenken lassen.

Bei meinen Recherchen für dieses Buch war ich erstaunt, wie viele Bücher es tatsächlich zur Manipulation von Menschen gibt, die ich ganz bewusst im Literaturverzeichnis nicht aufführe, da sie nichts mit Wertschätzung zu tun haben. Vielmehr wird ausdrücklich darauf hingewiesen, dass wenn wir Menschen benutzen und ausnutzen wollen (man beachte die Wortwahl), eine gewisse Kaltherzigkeit und Skrupellosigkeit förderlich sei.

Eine gewisse Sensibilität für Manipulation scheint mehr als notwendig zu sein.

WIE KÖNNEN WIR UNS VOR AKTIVER MANIPULATION SCHÜTZEN?

Die effektivste Methode ist wie immer, bei uns selbst zu beginnen und zu prüfen, ob wir tatsächlich bedingungslos geben. Ehrlich uns selbst gegenüber zu sein und offen wahrzunehmen, in welchen Situationen und Momenten wir manipulieren, ist klärend. Je besser wir uns kennen, desto leichter können wir die direkte Manipulation anderen gegenüber unterlassen. Dadurch wird uns Manipulation bewusster, und wir werden für die Manipulation von außen sensibilisiert.

In der Werbung, die mit dem Ziel manipuliert, Produkte zu verkaufen, ist Beeinflussung noch nachvollziehbar und uns in der Regel bewusst. Warum wollen wir jedoch die Menschen in unserem nahen Umfeld manipulieren?

Was haben wir davon, wenn unser Partner in einer Beziehung mit uns bleibt, weil wir ihn zum Beispiel mittels Schuldgefühlen manipulieren und nicht, weil er das aus tiefstem Herzen gern möchte? Was versprechen wir uns davon, wenn wir jemandem aus freien Stücken etwas geben und dabei eine mögliche Gegenleistung von ihm im Hinterkopf haben. Was ist unser Ziel? Wollen wir eventuell Druck ausüben oder dafür sorgen, dass beim anderen ein schlechtes Gewissen entsteht, wenn ihm dieser Ausgleich zwischen Geben und Nehmen nicht gelingt? – Keine guten Voraussetzungen für ein wertschätzendes Miteinander. Nur wir selbst können diese Fragen ehrlich beantworten. Wahre Liebe ist jedoch bedingungslos und bietet gleichzeitig einen Schutz vor direkter Manipulation.

Was wir gegen direkte Manipulation noch tun können, ist, sie selbst weitestgehend zu unterlassen und gleichzeitig ein tieferes Bewusstsein für dieses System zu entwickeln. Gehörtes und Gelesenes infrage zu stellen, sich seine eigene Sichtweise anzueignen und eine eigenständige Meinung zu bilden sind ebenfalls wirksame Maßnahmen gegen Manipulation.

In dem Moment, da wir Manipulationen erkennen, haben wir die Möglichkeit, zu unserem wahren Selbst bewusst und aktiv zurückzukehren.

ÜBUNG
MUT ZUR EHRLICHKEIT

Mache dir bewusst, und notiere dir in kurzen Stichpunkten, in welchen Fällen du versuchst, deine Mitmenschen zu manipulieren. Mache dir klar, welches Ziel du damit indirekt oder direkt verfolgst.

Welches deiner Bedürfnisse versuchst du dir mit der Manipulation eines anderen Menschen zu erfüllen?

Vielleicht sind dir beim Lesen des Kapitels bereits einige Situationen eingefallen, bei denen du entdeckt hast, dass du selbst manipuliert wurdest. Die indirekte Manipulation verliert einen Teil ihrer Kraft, wenn wir sie entdecken und aufdecken, da wir sie uns so bewusst machen. Wird Manipulation sichtbar, sind wir in der Lage, aktiv damit umzugehen.

Mache dir klar, inwieweit du die aufgedeckte Manipulation annehmen möchtest oder aber, ob du ab heute eine neue Entscheidung für dein Leben treffen wirst. Welche Entscheidungen sind dafür notwendig? Welche Gespräche darfst du führen? In welchen Situationen darfst du konkreter für dich einstehen?

Der Unterschied zwischen Lob und echter Wertschätzung

Was braucht es, damit unser Lob tatsächlich eine Herzensangelegenheit wird, und was ist der Unterschied zu echter Wertschätzung, die wir ja in der Regel verschenken wollen?

Beispiel

Vielen Dank für den Kaffee – das hast du toll gemacht!

Ein Besuch bei einer Bekannten vor rund 15 Jahren war für mich ein prägendes Erlebnis, was das Thema »Lob« betrifft, da ich erkennen durfte, wie unangenehm Lob sein kann und wie wichtig echte Wertschätzung ist. Was war vorgefallen?

Zum Zeitpunkt meines Besuches war ihr Mann ebenfalls im Haus. Er bereitete uns einen Kaffee zu und brachte ihn uns an den Tisch, wo wir bereits im Gespräch vertieft saßen. Auf dem Weg zurück in die Küche nahm er das von ihm und seiner Frau bereits benutzte Geschirr mit. Ich bedankte mich bei ihm für den Kaffee und schenkte ihm gleichzeitig ein Lächeln, das meine Freude über diese nette Geste noch unterstrich. Meine Bekannte dagegen begann, ihn im höchsten Maße zu loben – für den Kaffee, für das Tragen des Tablets, für das Mitnehmen der Gläser – und betonte mehrfach, wie toll er das alles machen würde. In mir breitete sich ein unangenehmes Gefühl aus. Irgendwie war das für mich nicht ganz stimmig, obwohl ich damals meine Emotionen nicht genau hätte erklären können.

Als ich den Blick zu ihrem Mann lenkte, konnte ich erkennen, dass auch ihm das Maß an Lob unangenehm war, was er auch gleichzeitig mit dem Kommentar »Ach, hör doch auf« bestätigte. Als wir allein waren, fragte ich sie, was ihre Intention war für dieses offensichtliche Übermaß an Lob. Sie sah mich ganz erstaunt an und erwiderte: »Weißt du, Claudia, Männer muss man viel loben. Erst dann bekommen wir sie dazu, das zu machen, was wir gern wollen.«

Ich war sehr erstaunt, und gleichzeitig bestätigte ihre Aussage mein ungutes Gefühl. Denn das, was sie mit ihrem Mann versucht hat, ist nichts anderes, als einen anderen Menschen in eine bestimmte Richtung zu drängen, die in der eigenen Wahrnehmung richtig ist, und hat nichts mit echter Anerkennung zu tun.

Wie aufgezeigt, wollen wir mit unserem Lob etwas Bestimmtes erreichen und wundern uns, dass andere diese Art von Lob nicht hören wollen oder nicht annehmen können. Wer möchte schon gern manipuliert werden? Unsere Antennen sind für Manipulation sehr sensibel, und auch wenn wir nicht sofort die Beeinflussung benennen können, spüren wir sie.

Einem anderen Menschen echte Wertschätzung zu geben, haben wir oft nicht gelernt.

Das Benennen von echter Wertschätzung ist eng mit dem Benennen der erfüllten persönlichen Bedürfnisse verknüpft. Da der Mann meiner Bekannten mir persönlich wahrscheinlich ein anderes Bedürfnis erfüllt hat als ihr, seiner Ehefrau, wird auch die Wertschätzung anders ausfallen.

Wie hätte sich echte Wertschätzung anhören können? Aus der Sicht der Ehefrau hätte sie sich eventuell so anhören können: »Ich sehe, du hast uns frischen Kaffee gemacht und gleichzeitig den Tisch etwas aufgeräumt. Ich bin erleichtert und froh, da das jetzt eine Unterstützung für mich ist und ich ganz in Ruhe das begonnene Thema mit Claudia weiter besprechen kann. Ich danke dir.« Meine Wertschätzung in Richtung des Ehemanns für den Kaffee hätte auch so klingen können: »Ich sehe, du hast mir einen frischen Kaffee gemacht. Ich bin erfreut darüber, da das jetzt ein echter kulinarischer Genuss für mich ist. Herzlichen Dank dafür.« Wie fühlt sich das im Vergleich zu dem vorigen Lob an? Spüre einfach nur mal hin. Die detaillierten Unterschiede und worauf es ankommt, werde ich im Kapitel »Wertschätzendes Loben – so geht's!« (siehe S. 78) erläutern.

Ohne sich sicherlich im Vorfeld darüber Gedanken gemacht zu haben, welche Bedürfnisse er seiner Ehefrau und mir erfüllt, **hat er Gefühle in uns ausgelöst, die dokumentieren, dass persönliche Bedürfnisse erfüllt wurden.** Aus Sicht meiner Bekannten war es die Unterstützung, dass sie sich nicht um die Ordnung, das Aufräumen des Tisches oder gar die Zubereitung des Kaffees zu kümmern brauchte. Mir hatte er ein anderes Bedürfnis erfüllt, da ich mich auf einen guten Kaffee gefreut und diesen auch bekommen habe.

Wertschätzung erfolgt grundsätzlich durch das kurze Benennen von einem angenehmen Gefühl und dem erfüllten Bedürfnis ohne den Hauch von zielorientierter Manipulation. Wir teilen uns mit unserer Freude schlicht mit.

Viele Situationen und Handlungen nehmen wir allerdings darüber hinaus als selbstverständlich an, obwohl sie das in der Regel nicht sind. Um beim eben genannten Beispiel zu bleiben, hätte es auch sein können, dass meine Bekannte und ich lediglich den Kaffee entgegennehmen und uns ungestört weiter unterhalten und damit die fürsorgliche Geste des Ehemanns unkommentiert, ungeachtet und ohne Anerkennung seiner umsichtigen Handlung als selbstverständlich annehmen.

Echte Wertschätzung zu schenken, bringt Liebe und Freude in unser eigenes Leben.

Herzliche Dankbarkeit einem anderen Menschen gegenüber für das, was er eventuell geleistet hat, kommt uns häufig gar nicht mehr in den Sinn, vor allem dann nicht, wenn wir nicht gelernt haben, mit uns selbst und anderen gleichermaßen wertschätzend umzugehen.

Ich höre in meinen Vorträgen und Seminaren immer wieder, wie Teilnehmerinnen und Teilnehmer davon berichten, wie schwer es ihnen fällt, anderen Menschen Wertschätzung zu geben. Alles wehrt sich in ihnen, einer anderen Person dieses Geschenk zu überreichen. Ein Geschenk – das ist der entscheidende Punkt –, das sie selbst in der Regel in ihrer Kindheit nicht erhalten haben und das bis ins Erwachsenenalter eine Wahrnehmung von Mangel und Ungerechtigkeit auslöst.

Eine Ungerechtigkeit, die scheinbar nur dadurch ausgeglichen wird, indem sie nun viel Anerkennung erhalten und eben nicht dadurch aufgelöst werden kann, indem sie Wertschätzung verschenken. Allerdings – und das ist sehr spannend – ist das in der Realität nicht der Fall.

Wenn wir anderen Menschen Respekt und Anerkennung verwehren, führt das zu Distanz und einer emotionalen Trennung. Gleichzeitig berauben wir uns der Chance, mitzuteilen, was diese Menschen Angenehmes in uns ausgelöst haben, was auf der anderen Seite wiederum Verbindung bedeuten würde. In letzter Konsequenz verwehren wir unserem Umfeld und uns selbst sehr viel Lebensfreude, Spaß und Leichtigkeit und echtes Kennenlernen.

Beispiel

Wie wär's mit einem Tee?

Mein Mann brachte mir ab und an am Morgen einen Tee ans Bett. Natürlich habe ich mich dafür mit den Worten »Danke für den Tee, das ist nett« bedankt. Er nickte dann immer leicht mit dem Kopf, sagte »Ja, gern« und ging wieder.

Egal, was ich in Seminaren höre, in Büchern lese oder im Austausch mit anderen erlebe, wenn mich etwas anspricht und ich denke, dass es gut für mich ist oder sein könnte, dann probiere ich es aus. In diesem Fall führte es dazu, dass ich, als mir das nächste Mal der Tee ans Bett gebracht wurde, sagte: »Du hast mir heute einen Tee ans Bett gebracht. Ich bin glücklich und berührt. Für mich ist das pure Lebensfreude. Herzlichen Dank dafür.« Er sah mich etwas skeptisch an und sagte: »Ist doch nur Tee, eine nette Geste.« Worauf ich erwiderte: »Stimmt, bei mir wird dabei allerdings ein Glücksgefühl ausgelöst, weil ich den Tag mit so einer wunderbaren Gelassenheit angehen kann.« Das erstaunte ihn: »Mir war gar nicht bewusst, was so eine Tasse Tee auslösen kann.«

In der folgenden Zeit bekam ich meinen Tee regelmäßig ans Bett gebracht, wenn er derjenige war, der früher aufgestanden ist. Ich hatte das nicht bezweckt, aber ich hatte meinem Partner etwas über mich mitgeteilt, was wichtig war. Als ich also nur »Danke schön« sagte, hat er das annehmen können, allerdings ohne, dass es bei ihm Emotionen ausgelöst hat. Bei der zweiten Variante habe ich mitgeteilt, was sein Verhalten bei mir Angenehmes ausgelöst hat. Er hat eines meiner Bedürfnisse erfüllt, ohne es zu wissen.

Durch meine Wertschätzung ihm gegenüber und das Teilen meiner Gefühle und Bedürfnisse konnte er mich besser verstehen. Gleichzeitig war er frei in seinem weiteren Handeln. Er hat verstanden, dass mir Lebensfreude und Gelassenheit in meinem Leben wichtig sind und Glücksgefühle auslösen. Er kann davon ausgehen, dass alles, was mit einem oder diesen beiden Bedürfnissen zusammenhängt, zu meinem Wohlbefinden beiträgt.

Bei echter Wertschätzung teilen wir dem anderen mit, welches unserer Bedürfnisse er gewollt oder ungewollt erfüllt hat.

Und hier kommt ein interessantes Phänomen zum Tragen: **Eines unserer grundsätzlichen Bedürfnisse ist, Menschen, die wir lieben, zu unterstützen.** Das können wir jedoch nur tun, wenn wir ihre Bedürfnisse kennen. Und das wiederum bedeutet, dass wir unsere Bedürfnisse zunächst einmal für uns selbst entdecken dürfen.

In dem Tee-Beispiel mit meinem Mann war es in diesem Zusammenhang auch für mich interessant, zu erspüren, wie sich dieses Lob bzw. die Wertschätzung für sein Handeln bei mir selbst ausgewirkt hat. Ich stellte fest, dass sich mein bereits vorhandenes Glücksgefühl noch weiter ausdehnte. Es fühlte sich gut an, mit mir so klar zu sein und dieses Wohlbefinden durch das Benennen meiner erfüllten Bedürfnisse auch teilen zu können. Und zwar so zu teilen, ohne den anderen in irgendeiner Weise hinsichtlich seines zukünftigen Verhaltens zu manipulieren. Das, was ich gerade an Dank und Anerkennung verschenkt hatte, kam sofort in Form eines wohligen und beglückenden Gefühls zu mir zurück. Gleichzeitig hatte ich keinerlei Erwartungshaltung, da ich das Gefühl und die Situation einfach im Jetzt genießen konnte – wie das so ist, wenn man ein Geschenk erhält. Wir halten es in unseren Händen, freuen uns über die Aufmerksamkeit, darüber, dass jemand an uns gedacht hat und machen uns keine Gedanken, ob wir morgen wieder ein Geschenk erhalten. Wir erfreuen uns einfach an dem, was wir jetzt entgegennehmen dürfen. Unterschwellige und versteckte Manipulation ist bei dieser Variante nicht mehr vorhanden. Stattdessen tritt eine tiefe Zufriedenheit mit uns selbst ein, da wir uns besser kennenlernen und den Mut erlangen, Liebe und Anerkennung zu verschenken, ohne an ein Zug-um-Zug-Geschäft zu denken, bei dem der andere zu einer Leistung gedrängt wird.

Wie wir festgestellt haben, beeinflussen wir andere immer mit unserem Verhalten – in der Regel eben unbewusst. Mit der wertschätzenden Kommunikation schaffen wir einen Rahmen, in dem Zuhören, Verständnis und Respekt möglich werden. Für den anderen liegen unsere Gefühle und Bedürfnisse offen, sodass dieser frei entscheiden kann, wie er mit den gewonnenen Erkenntnissen über uns umgehen möchte. Eine derartige Basis ermöglichen wir, wenn wir statt zu bewerten, zu unterstellen usw. uns authentisch mitteilen. Die Gesprächspartnerin oder der Gesprächspartner hat die Freiheit, mit den Informationen in seinem Sinne umzugehen.

Ich kann mir vorstellen, dass bei einigen der Gedanke auftaucht: »Was aber ist, wenn diese Informationen dazu verwendet werden, mich auszunutzen?« Respektvoll mit sich selbst im Einklang zu sein, die eigenen Gefühle und Bedürfnisse zu kennen und sich damit seinem Umfeld zu zeigen, bedeutet, authentisch zu sein. Authentische Menschen werden in der Regel als angenehm wahrgenommen, da sie eben einschätzbar sind, keine Scheu haben, die eigene persönliche Sichtweise darzulegen und keine Maske tragen, hinter der sie ihre Emotionen verstecken. Authentisch zu sein bedeutet auch, mutig für sich einzustehen und wenn nötig Grenzen zum Schutz des eigenen Wohls zu ziehen.

Eine wertschätzende Kommunikation ist notwendig, damit klar wird, dass getroffene Entscheidungen **nicht gegen einen Gesprächspartner** gehen, sondern lediglich aufgrund von Entscheidungen **für unser eigenes Wohlergehen** getroffen werden. Wir leben damit eine gesunde Selbstachtung und Eigenliebe. Unabhängig davon kann niemand uns ausnutzen, wenn wir das in letzter Konsequenz nicht zulassen.

ÜBUNG
OFFEN FÜR OFFENHEIT

Lies dir noch einmal eines der genannten Beispiele durch. Versetze dich in die Position der Person, die Anerkennung und Lob erhält, und spüre nach, welche emotionalen oder auch körperlichen Reaktionen bei dir ausgelöst werden.

Was fühlt sich für dich angenehm an? In welchen Fällen wird eventuell ein Abwehrmechanismus ausgelöst? Bei welchem Beispiel würdest du dich persönlich mehr gesehen und wertgeschätzt fühlen?

Unsere Bedürfnisse – Antrieb, Wegweiser und Geschenke

Kennst du deine Bedürfnisse?

Ja, ein wenig? Nein, nicht so gut? Letzteres ist kein Wunder, denn über viele Generationen wurden wir dahingehend geprägt, unsere Bedürfnisse zu ignorieren, zu unterdrücken, oder uns wurde suggeriert, dass diese unwichtig oder für andere gar schädlich seien. Frauen wurden dazu erzogen, ihre Bedürfnisse und sich selbst unterzuordnen. Männern wurde das »Aus-« und »Durchhalten« mit auf den Weg gegeben. Nach Jahrzehnten ist diese Sichtweise des Ignorierens, Verdrängens und Unterdrückens auch in der heutigen Gesellschaft noch weit verbreitet.

Unser aller Aufgabe ist es, uns zu gestatten, dass wir Bedürfnisse haben, sie uns auch zustehen, und diese eigenen Bedürfnisse wiederzuentdecken. Das ist deshalb so wichtig, **da wir, egal, was wir auch tun, grundsätzlich versuchen, uns bewusst oder unbewusst ein Bedürfnis zu erfüllen.** Das bedeutet, dass unsere Bedürfnisse ein großer Motivator und Antrieb sind, mit denen wir erst adäquat umgehen können, wenn wir sie auch kennen. Erst wenn wir unsere Bedürfnisse kennen, versetzen wir uns selbst in die Lage, gut für uns zu sorgen und Freude in unser Leben zu integrieren. Dazu gehört, dass wir zulassen, unsere Bedürfnisse wahrzunehmen und die innere Stärke entwickeln, deren Erfüllung umzusetzen. Sich anschließend anderen entsprechend mitzuteilen, wie zum Beispiel beim Loben, ist ein gutes Rezept für mehr Harmonie im Miteinander.

Unsere Bedürfnisse zu kennen, bedeutet Selbstliebe. Denn sie gehören zu uns und stehen uns jederzeit zu.

WAS UNSERE BEDÜRFNISSE MIT GESCHENKEN ZU TUN HABEN

Für die Erfüllung unserer ganz persönlichen Bedürfnisse sind wir selbst verantwortlich. Wir entscheiden, wie wir die Erfüllung in unserem Leben umsetzen. Um das, was wir brauchen, besser erkennen zu können, haben wir unsere Gefühle. Wenn eine Person ungefragt und unbewusst meine Bedürfnisse erfüllt, hat diese Person eine Aufgabe übernommen, die an und für sich in meinen persönlichen Verantwortungsbereich fällt. Das Erfüllen meiner Bedürfnisse ist dadurch so etwas wie ein Geschenk von diesem Menschen. Unsere ganz persönlichen Gefühle und unsere ganz persönlichen Bedürfnisse hängen sehr eng zusammen. Unsere Gefühle übernehmen dabei eine Wegweiserfunktion.

Unsere Gefühle sind unser Navigationssystem und zeigen uns auf einzigartige und individuelle Weise, ob es uns gut geht und damit unsere Bedürfnisse erfüllt sind, oder ob es uns nicht so gut geht und damit unsere Bedürfnisse nicht erfüllt sind.

Wenn wir uns **ärgerlich, traurig, zerknirscht, genervt …** fühlen, dann zeigen uns diese Gefühle, dass eines oder mehrere unserer Bedürfnisse derzeit **nicht erfüllt** sind. Diese Gefühle sind damit nicht schlecht und brauchen auch nicht unangenehm zur Seite geschoben werden. Ganz im Gegenteil, wir sollten sie liebevoll betrachten und herauszufinden, was uns fehlt, welche Bedürfnisse momentan nicht erfüllt sind und wie wir uns diese Erfüllung ermöglichen können. Denn noch einmal: Für die Erfüllung unserer ganz persönlichen Bedürfnisse sind wir jederzeit selbst verantwortlich.

Wenn wir uns dagegen **glücklich, zufrieden, begeistert, lebendig …** fühlen, dann sind definitiv eines oder auch mehrere unserer Bedürfnisse **erfüllt.** Wenn wir uns über etwas freuen, was eine andere Person getan hat, hat diese uns bewusst oder unbewusst ein Bedürfnis erfüllt. In meinem Beispiel mit der morgendlichen Tasse Tee wusste mein Partner allerdings nicht, welches meiner Bedürfnisse erfüllt wurde.

Wenn wir nur einen schlichten Dank äußern, bekommen die Menschen in unserem Umfeld keinen Hinweis darauf, welche Bedürfnisse sie tatsächlich erfüllt haben. Wenn es unser Anliegen ist, die Menschen in unserem Umfeld bei der Erfüllung ihrer Bedürfnisse zu unterstützen, brauchen wir Informationen, was diesen Menschen grundsätzlich wichtig ist. Wenn wir unsere Emotionen und unser Bedürfnis wie zum Beispiel Lebensfreude mitteilen, wird klar, dass darunter noch sehr viel mehr Aspekte fallen als »nur« eine Tasse Tee am Morgen.

Auch nach vielen Jahren wird durch Lob und Anerkennung ein echtes Kennenlernen in einer Partnerschaft möglich.

Gleichzeitig entsteht durch Offenheit und Ehrlichkeit eine zwischenmenschliche Verbindung, die Vertrauen, Verständnis und manchmal auch ganz erstaunliche Ergebnisse bewirkt wie im Beispiel von Florian.

Beispiel

Geht's dir gut, Papa?

Florian ist alleinerziehender Vater einer bezaubernden kleinen Tochter von sieben Jahren. Wie er mir in einer Sitzung mitteilte, ist er oft erschöpft und weiß nicht mehr so genau, wie er die Doppelbelastung von Beruf und Kind managen soll. Darüber hinaus schmerzt ihn die Trennung von seiner Partnerin. Für seine kleine Tochter möchte er gern stark sein. In unserem Gespräch fragte ich ihn, wie seine Tochter auf die Gesamtsituation reagiere, denn Kinder haben feine Sensoren und bekommen sehr viel mehr mit, als wir häufig vermuten.

Er schaute mich nachdenklich an, nickte und sagte: »Stimmt, sie fragt mich schon, ob ich traurig und müde bin, aber ich verneine das, denn ich möchte sie mit meinen Emotionen nicht belasten.« »Du machst ihr also hinsichtlich deiner Gefühle etwas vor«, bestätigte ich seine Ausführungen. Er nickte müde: »Ja, so ist es.«

Uns darf klar sein, wenn wir unseren Kindern und Mitmenschen etwas vormachen und ihre gute Intuition ignorieren oder, wie in diesem Beispiel, sogar so tun, als ob sie nicht korrekt sei, lösen wir bei ihnen ein Gefühl von Unsicherheit aus. Die Wahrnehmung, die die Tochter hatte und die offensichtlich absolut richtig war, wurde als falsch tituliert. Damit schwächen wir den Glauben und das Vertrauen dieser Person, die anfängt, an der eigenen Intuition zu zweifeln. Wollen wir das wirklich?

Florian wollte das auf gar keinen Fall und war sich bislang auch über die Auswirkungen des Verneinens seiner wahren Emotionen nicht bewusst. Er war ganz verliebt in sein Kind und bewunderte seine offene und sensible Art, die er auf keinen Fall gefährden wollte.

Gerade im Umgang mit Kindern geht es nicht darum, Sorgen und Ängste zu teilen und die Kinder damit ebenfalls in Sorgen und Ängste zu treiben. Wir dürfen jedoch ehrlich sein und unsere Gefühle – gegebenenfalls kindgerecht – mitteilen. Und wenn wir traurig oder müde sind, dann ist das eben so. Das ist ja kein immerwährender Zustand, sondern eine Momentaufnahme, die wir genau so zum Ausdruck bringen dürfen. Kinder erhalten damit die große Chance, Vertrauen in die eigene Wahrnehmung und damit in sich selbst zu erhalten. Sie lernen, dass schwierige Phasen im Leben überwunden werden können und in glücklichere Zeiten münden.

Wie mir Florian eine Woche später berichtete, entstand nach unserem Gespräch folgender Dialog: Als seine Tochter wieder fragte, ob er müde sei, er würde so aussehen, sagte er: »Du möchtest hören, ob ich müde bin?« Sie nickte und schaute ihn mit großen, erwartungsvollen Augen an. »Ja«, sagte Florian. »Ich bin momentan wirklich müde und bräuchte ein klein wenig Schlaf. Ich werde mich jetzt einfach mal einen Moment auf das Sofa legen und mich etwas ausruhen.« Seine Tochter nickte und lief zu seinem großen Erstaunen los, um eine Decke für ihn zu holen. Sie deckte ihn zu, wie er das sonst mit ihr machte, zog die Gardinen etwas zu, holte dann ihre Malstifte und setzte sich in seiner Nähe an den Tisch.

Später erzählte sie den anderen Kindern in der Schule, dass sie ihrem Vater »beim Schlafen geholfen hatte« und war stolz darauf, dass sie in der Lage war, ihrem Vater eine derartige Freude zu bereiten. Florian selbst war zutiefst berührt über diese Reaktion und hatte verstanden, dass er seine Gefühle durchaus zeigen durfte.

Wenn wir unsere Gefühle äußern, können wir wirklich gesehen und verstanden werden und nehmen die Menschen in unserem Umfeld mit unserer authentischen Art mit auf die gemeinsame Reise durchs Leben.

Ein Grundbedürfnis aller Menschen ist es, andere bei der Erfüllung ihrer Bedürfnisse zu unterstützen.

UNSERE UNTERSCHIEDLICHEN BEDÜRFNISSE

Unsere Bedürfnisse sind ein riesiger Motivator. Sie treiben uns an und zeigen uns den Weg auf, der für uns ganz persönlich derzeit der richtige ist. Da sie so wichtig für unser Leben sind, dürfen wir anerkennen, dass unsere Bedürfnisse uns jederzeit zustehen. Wenn wir hungrig sind und dringend etwas zu essen benötigen, dann ist das Bedürfnis Nahrungsaufnahme jetzt so wichtig, dass wir dem nachgehen dürfen. Auch wenn unsere Partnerin oder unser Partner momentan nicht das gleiche Bedürfnis hat, ist unser Bedürfnis für diesen Moment und für unseren Körper genau jetzt richtig. Daher ist es so wichtig, zu verstehen, dass wir für die Erfüllung unserer Bedürfnisse selbst zuständig sind.

Es ist unsere Aufgabe, gut für uns zu sorgen, sodass unser Körper, unser Geist und unsere Seele in Balance sind und wir gesund bleiben.

Ich bin eine Person, die regelmäßig alle vier bis fünf Stunden essen muss, um eine körperliche Stabilität zu erhalten. Mein Mann dagegen kann gern auch mal zwölf Stunden lang ohne Nahrung auskommen – für mich undenkbar. Das heißt, er hat nicht unbedingt den Impuls, nach einiger Zeit nach der nächsten Nahrungsquelle zu sehen – ich schon. Anfangs dachte ich, er müsste doch langsam wissen, wie mein Rhythmus ist und ebenfalls darauf achten, bis ich verstand, dass es ja mein Bedürfnis ist und ich das für mich regeln darf – völlig unabhängig von ihm. Denn anderenfalls lösen derartige unerfüllte Bedürfnisse Ärger und Unwohlsein aus, die wir schlimmstenfalls am anderen auslassen.

Bedürfnisse sind grundsätzlicher Natur, und damit haben alle Menschen sie gleichermaßen. Das bedeutet im Umkehrschluss, dass wir diese Bedürfnisse alle kennen – wenn auch nicht immer zeitgleich –, weshalb Verständnis im Miteinander entstehen kann, wenn wir sie benennen.

Um uns das Wiederfinden und Erspüren unserer Bedürfnisse leichter zu machen, können sie in unterschiedliche Kategorien geordnet werden. Es gibt Grundbedürfnisse, Sicherheits- und Schutzbedürfnisse, soziale Bedürfnisse, Geltungsbedürfnisse und Bedürfnisse nach Selbsterfüllung.

GRUNDBEDÜRFNISSE

Zu den Grundbedürfnissen, die wir für unser Überleben benötigen, gehören unter anderem diese:

* (sauberes) Wasser
* (bestenfalls gesunde) Nahrung
* Schlaf
* (saubere) Luft und Licht

Wenn wir uns diese Grundbedürfnisse nicht erfüllen, können wir als Mensch nicht existieren. Die Erfüllung dieser Grundbedürfnisse hat daher eine sehr hohe Priorität und liegt in unserer Verantwortung.

Wenn wir uns den Schlaf ansehen, liegt es in unserer Verantwortung, für ausreichenden und erholsamen **Schlaf** zu sorgen. In Bezug auf Nahrung ist es unsere Verantwortung, rechtzeitig und ausreichend für die Beschaffung von Lebensmitteln zu sorgen. Ob wir uns mit Fastfood begnügen oder aber auf qualitativ hochwertige **Nahrung** achten, ist wiederum unsere ganz persönliche Strategie, uns unser Grundbedürfnis zu erfüllen. Ob wir unseren Flüssigkeitshaushalt mit gesundem **Wasser** oder mit gezuckerten Limonaden auffüllen, ist unsere Entscheidung, die wir – gerade wenn wir Kinder haben – auch für die uns anvertrauten Menschen treffen.

Diese Bedürfnisse bestehen somit für alle Menschen gleichermaßen, da sie grundsätzlicher Natur sind. Die Erfüllung derselben ist jedoch individuell und liegt in unserer persönlichen Verantwortung.

Wenn wir uns nur die Grundbedürfnisse betrachten, werden wir schnell feststellen, dass wir in Deutschland in einem Land leben, in dem diese relativ einfach erfüllt werden können. Gleichzeitig können wir gerade in der heutigen Zeit erleben, was passiert, wenn diese Grundbedürfnisse in anderen Ländern nicht mehr erfüllt werden können. Das Bedürfnis nach Nahrung, sauberem Wasser, Schutz und Sicherheit ist so groß, dass sich Menschen zu Fuß auf den Weg machen und dabei ihr Leben riskieren, um in eine andere Region, in ein ihnen völlig unbekanntes Land zu gehen, von dem sie gehört haben, dass diese elementaren Bedürfnisse dort alle selbstverständlich erfüllbar sind.

SICHERHEITS- UND SCHUTZBEDÜRFNISSE

Wie wichtig unser Bedürfnis nach Schutz und Sicherheit ist, habe ich gleichfalls in dem obigen extremen Beispiel aufgezeigt. Es gehören jedoch auch ganz alltägliche Bedürfnisse dazu wie:

* ein Leben frei von Angst, Chaos oder Bedrohungen
* Ordnung und Regeln, Struktur, Stabilität und Zuverlässigkeit

* berufliche Sicherheit, Existenzsicherung
* Altersvorsorge
* Sicherheit im Alltag
* Klarheit
* Ruhepausen und Erholung

Dafür, dass diese Bedürfnisse nicht selbstverständlich sind, bietet das Leben derzeit viele Beispiele. Unternehmen fusionieren und infolgedessen wird Mitarbeitern gekündigt, um Kosten zu sparen. Mit derartigen Firmenentscheidungen sind von heute auf morgen diverse wichtige persönliche Bedürfnisse dieser Mitarbeiter nicht mehr erfüllt und lösen Gefühle wie zum Beispiel Ärger, Wut, Angst und Enttäuschung aus. Auf der andern Seite erfüllen sich die Unternehmen Bedürfnisse wie finanzielle Entlastung, Erfolg, Ansehen, Wertschätzung und Respekt von Anteilseignern und Aktionären.

Vor vielen Jahren habe ich als Bankerin gearbeitet. Ich kann mich noch sehr gut an den Tag erinnern, als unser damaliges Team in einer Telefonkonferenz mit dem Vorstand saß und dieser völlig unerwartet mitteilte, dass die Filiale im nächsten Jahr geschlossen werde. Alle Gelassenheit entschwand im Bruchteil einer Sekunde, alle Planungen standen auf Stopp. Das Leben hatte eine derartige Wendung hingelegt, dass wir alle zunächst orientierungslos waren und begannen, unsere Zukunft neu zu gestalten, da wir dringend unsere Lebenssicherheit wiederherstellen wollten.

Unser Bedürfnis nach Schutz entsteht allerdings auch in alltäglichen Momenten, wenn wir abends allein durch einsame Gegenden nach Hause gehen, auf Reisen sind, mit dem Auto unterwegs sind usw. Je sicherer wir uns fühlen, desto leichter und entspannter können wir durch das Leben gehen, und daher ist die Erfüllung dieser Bedürfnisse so wichtig. Das Ausmaß an Sicherheit, das jeder Einzelne benötigt, ist jedoch wiederum individuell.

SOZIALE BEDÜRFNISSE

Soziale Kontakte, Familie, Freunde und Bekannte sind für uns Menschen in den meisten Fällen unerlässlich. Menschen, mit denen wir unsere Interessen, Freuden und auch schmerzhafte oder schwierige Momente teilen können, lösen Verbundenheit aus. In einer Gruppe zu sein oder zu einer bestimmten Gruppe zu gehören, bietet Sicherheit und gleichzeitig Lebensfreude. Hierzu gehören solche Bedürfnisse wie:

* Geborgenheit, Übereinstimmung, Harmonie, Verbundenheit
* Nähe, Partnerschaft, Liebe, Zuneigung
* Kommunikation, Kontakt, Information
* Mitgliedschaft, Zugehörigkeit
* Akzeptanz
* Einfühlung, Entlastung, Unterstützung
* Freundschaft, gemeinsame Erlebnisse, Freude und Spaß

Mit den unterschiedlichsten Strategien versuchen wir, uns in unserem Leben diese Bedürfnisse zu erfüllen. Wir laden Menschen zu einem Abendessen ein, um uns unsere Bedürfnisse nach Freundschaft, gemeinsamem Erleben, Verbundenheit und Zuneigung zu erfüllen. Auch für unser wichtiges Bedürfnis nach Partnerschaft und Liebe sind wir bereit, sehr viel zu tun – manchmal bis hin zu einer Schmerzgrenze, mit der wir unsere eigene Persönlichkeit zunehmend unbeachtet lassen. Die Kommunikation spielt in diesem Kontext eine übergeordnete Rolle, da sie die Möglichkeit ist, uns mitteilen zu können, um aktiv mit anderen in den Austausch zu gehen und zum Beispiel um Unterstützung zu bitten.

GELTUNGSBEDÜRFNISSE

Die ersten drei Bedürfnisgruppen gestalten unser Leben und bestimmen den größten Teil unserer alltäglichen Aktionen. Wie schon erwähnt, egal, was wir tun, wir versuchen ununterbrochen, uns unsere eigenen Bedürfnisse zu erfüllen. Bei den Geltungsbedürfnissen geht es um Folgendes:

* Aufmerksamkeit
* Bedeutung, Erfolg, Image, Prestige, Status
* Einfluss, Macht, Stärke
* Selbstachtung, Selbstbestätigung
* Wertschätzung, Respekt

Anerkennung, Wertschätzung und Respekt zu erleben, ist für viele Menschen eine große Motivation. Egal, ob im beruflichen oder im privaten Umfeld, wir möchten gesehen und respektiert werden. Dazu braucht es Resonanz von den Personen, mit denen wir zu tun haben. Das wiederum bringt uns in eine gewisse Abhängigkeit von anderen. Wie wichtig – auch für die innere Unabhängigkeit – die Erfüllung unserer Bedürfnisse durch uns selbst ist, wird dadurch deutlich.

Nichtsdestotrotz, wie bedeutend Lob und Anerkennung besonders im Berufsleben sind, haben diverse Untersuchungen belegt, die alle gleichermaßen zu dem Ergebnis gekommen sind, dass ein ehrliches Lob Mitarbeiter beflügelt und die Verbindung zum Arbeitgeber fördert. Auch in Sportvereinen, in unseren Freundschaften und Beziehungen möchten wir wahrgenommen werden und für unser Engagement wertgeschätzt werden. Ein ganz selbstverständliches Bedürfnis, für das wir oftmals bereit sind, sehr viel zu tun!

BEDÜRFNISSE NACH SELBSTERFÜLLUNG

Bei dieser abschließenden Kategorie von Bedürfnissen geht es nicht mehr um Mangel, elementare Bedürfnisse bzw. Umstände, die uns Sorgen machen, sondern es geht um die persönliche Entwicklung, Entfaltung und Leichtigkeit im Leben, wie zum Beispiel:

* Authentizität, Individualität, Ausschöpfung des eigenen Potenzials
* Entwicklung, Lebensgestaltung, Selbstentfaltung, Selbstfindung
* Güte, Natürlichkeit
* Autonomie, Wunsch nach Alleinsein
* Inspiration, Kreativität, Spontaneität
* Gerechtigkeit, Weltverständnis, Sinnfindung
* Zielorientiertheit

Diese Bedürfnisse erlangen, wie ich in meinen Seminaren und Beratungen immer wieder feststelle, gerade in der zweiten Lebenshälfte größere Bedeutung. Nachdem wir unsere Grundbedürfnisse erfüllt haben, unser Netz von Sicherheit und Schutz geknüpft ist, Familien, Freundschaften und Partnerschaften sich gefestigt haben und wir in unserem beruflichen und privaten Umfeld unseren Platz gefunden haben und gestärkt sind, entsteht Raum, um uns unserer individuellen Entwicklung zuzuwenden. Mit der Erfüllung dieser Bedürfnisse tritt zunehmend eine Lebensgelassenheit und Achtung gegenüber anderen Persönlichkeiten und unserer Umwelt ein.

ÜBUNG

BEWUSSTSEIN VERTIEFEN

Um Lob und Anerkennung auszusprechen, brauchen wir das Bewusstsein dafür, welche Bedürfnisse uns jemand gewollt oder ungewollt erfüllt hat, und so Gefühle von Glück und Zufriedenheit in uns auslösen konnte. An dieser Stelle komme ich auf die Liste der schönen Momente des Kapitels »Unsere Wahrnehmung schulen« (siehe S. 25) zurück, ergänzt um einige entsprechende mögliche Bedürfnisse:

* Die Sonne scheint: **Lebensfreude, Bewegung im Freien**
* Jemand lacht uns an und ist freundlich: **Herzlichkeit, Verbindung, Gelassenheit**
* Wir haben Spaß und Freude an gemeinsamen Erlebnissen mit Familie und Freunden: **Spaß, Gemeinsamkeit, Freude, Kommunikation, Kontakt, Austausch, Harmonie**
* Wir führen einen wertschätzenden und erfolgreichen Dialog: **Kommunikation, Klarheit, Verständnis, Achtung**
* Der Frühstückstisch ist gedeckt, und wir brauchen nichts mehr zu tun: **Gelassenheit, Nähe, Unterstützung, Entlastung**
* Wir erhalten eine herzliche Umarmung oder eine andere liebevolle Geste: **Nähe, Liebe, Freundschaft, Schutz, Zuneigung, Stärkung, Verbundenheit**
* Alle haben geholfen, das Auto vom Schnee zu befreien, das Laub im Garten zusammenzusammeln …: **Unterstützung, Gemeinsamkeit, Entlastung**

* Wir können unsere Bedürfnisse erfüllen, und andere unterstützen uns dabei – »Du kannst ruhig gehen, wir machen das schon.«: **Erleichterung, Unterstützung, Achtung, Selbstentfaltung**
* Wir bekommen etwas geschenkt, mit dem wir nicht gerechnet haben, wie zum Beispiel etwas Selbstgebasteltes von unserem Kind, ein Mitbringsel vom Ausflug ...: **Kreativität, Gestaltung, Inspiration, Glück, Verbundenheit**
* Unser Kind hat sich mit Freude in die neue Kindergartengruppe integriert: **Gelassenheit, Natürlichkeit, Gruppenzugehörigkeit**
* Wir werden zum Essen eingeladen: **Anerkennung, Aufmerksamkeit, Lebensfreude, Genuss**
* Wir haben ein erfolgreiches Gespräch geführt: **Klarheit, Erfolg, Zielorientiertheit**
* Wir sind befördert worden: **Erfolg, Macht, Image, Bedeutung, Status, Wertschätzung**
* Wir haben an einem Seminar teilgenommen: **Inspiration, Selbstentfaltung, Klarheit, Authentizität, Sinn, Verständnis**

Nimm dir jetzt deine eigene Übersicht deiner schönen Momente aus der Übung »Für ein glücklicheres Leben« (siehe S. 27), und finde dazu deine ganz persönlichen Bedürfnisse, die durch deine Erlebnisse erfüllt wurden.

Wertschätzendes Loben – so geht's!

Wie wichtig ein guter kommunikativer Start ist, möchte ich an einem Beispiel verdeutlichen:

Beispiel

Gern geschehen – worum geht's?

»Danke für die Unterstützung«, sagte Linda nach einem gemeinsamen schönen Tag mit ihrer Freundin Simone. Blitzartig setzte sich Simones Verstand in Bewegung, um die letzten Stunden Revue passieren zu lassen. Sie hatten geplaudert, sich über unterschiedliche Themen unterhalten, gemeinsam gekocht und sich gegenseitig bei Computerproblemen geholfen. Was hatte sie konkret gesagt? Was hatte sie getan, was für Linda eine Unterstützung war? Während Simone noch am gedanklichen Sortieren war, schaute Linda sie wartend und lächelnd an. »Was habe ich denn genau getan, was für dich eine so große Unterstützung war?«, fragte Simone sie leicht verunsichert. »Na, du hast mir doch geholfen, dieses Bewerbungsschreiben zu formulieren. Das hätte ich allein so nie hinbekommen«, antwortete sie ganz erstaunt.

Spannend, ausgerechnet daran hatte Simone nicht mehr gedacht, weil ihr das Formulieren von Texten relativ leichtfiel – für Linda war es aber eine echte Unterstützung. Durch dieses Hin und Her, so stellte Simone später fest, sind jedoch der Dank, das Lob und die Anerkennung aus dem Fokus gerückt. Schade!

Wenn wir jemandem danken und unsere Anerkennung zeigen wollen, ist es am besten, mitzuteilen, um was es uns konkret geht. Der oben aufgezeigte Wirrwarr entfällt, und die Person gegenüber ist mit ihrer Aufmerksamkeit bei dem, worum es tatsächlich geht und kann den Ausführungen klar folgen.

* Vor einer Stunde ...
* Heute hast du ...
* Gestern waren wir ...
* Diese Woche hast du ...
* In diesem Jahr ...

Wie kann so ein Satz nun konkret aussehen? Ich wähle als Beispiel für die nächsten Schritte einen wertschätzenden und erfolgreichen Dialog mit einer Freundin, bei dem ich Lob und Anerkennung geben wollte.

Schritt 1: Worum geht es?
»Gestern haben wir ein sehr konstruktives Gespräch hinsichtlich meiner weiteren Projekte geführt.«

Jetzt gilt es, einige Augenblicke lang innezuhalten und das Gefühl zu erspüren, das aufgrund dieser konkreten Situation entstanden ist, und es zu formulieren. Es kann ein Gefühl sein, es können aber auch mehrere Gefühle sein. Finde für dich heraus, welches Gefühl in dieser Situation das umfassendste, das herausstechendste ist. Warum ist es gut und letztendlich erforderlich, unser Gefühl zu nennen? Es ermöglicht uns, das, was uns bewegt und berührt, mitzuteilen.

Verständnis kann nur entstehen, wenn wir authentisch sind. Natürlich können wir so tun, als ob wir ganz cool seien und uns nichts wirklich tangiere, solange uns nur klar ist, dass wir so nicht nur den anderen täuschen, sondern uns selbst gleichermaßen. Verständnis für uns und für das, was uns wichtig ist, werden wir durch das Zurückhalten unserer Gefühle nicht erhalten.

Vielen wurde das Bewusstsein für ihre Gefühle abtrainiert: »Wenn du deine Gefühle zeigst, bist du angreifbar«, »Achtung, man kann dich durchschauen, wenn du deine Gefühle zeigst«, »Kein Mensch interessiert sich für deine Gefühle.« Diese und ähnliche Sätze habe ich oft gehört – leider. Das führt oftmals dazu, dass wir mit nur einer Handvoll Gefühle durch das Leben navigieren. Wir sind ärgerlich, genervt oder wütend, wenn es uns schlecht geht, und erfreut, zufrieden und glücklich, wenn es uns gut geht. Dabei ist unsere Gefühlswelt sehr viel lebendiger und facettenreicher – und wir selbst auch. **Gleichzeitig sind unsere Gefühle unser persönlicher Wegweiser auf dem Weg durchs Leben und ermöglichen uns, eine Brücke zum anderen zu bauen.**

Betrachten wir das Thema »Lob und Anerkennung« in diesem Zusammenhang, zeichnet es sich als etwas Angenehmes aus, das uns erfreut. **Erfüllte Bedürfnisse führen grundsätzlich zu angenehmen Gefühlen. Wenn wir diese Gefühle wahrnehmen**

und darüber reden, ist das wie Balsam für unsere Seele, unser Herz und unseren Körper. Sei also verschwenderisch mit dem, was dich bewegt, und beginne, wenn du über deine Gefühle redest, grundsätzlich mit dem Satzanfang: »Ich bin …« Warum?

Wenn wir den Satz mit »Ich habe das Gefühl, dass …« beginnen, kommt danach häufig **kein Gefühl** sondern **ein Gedanke.** Das wiederum führt bei unseren Gesprächspartnern nicht zur gewünschten Verbindung, sondern vielmehr zu Distanz. Gleichzeitig führt uns ein bewertender Gedanke fort von uns selbst, da wir ein echtes Gefühl offensichtlich nicht zulassen.

Achte ab sofort darauf, ein echtes Gefühl zu nennen, und realisiere, was es in dir und deinem Gegenüber auslöst. Eine »einfache« Übung mit großer Wirkung! Erweitere zusätzlich deinen Wortschatz und damit gleichzeitig deine Gefühlswelt. Hier eine kleine Auswahl der Gefühle, die du ab heute in dein Repertoire aufnehmen kannst.

Ich bin aufgeregt, aufmerksam, ausgeglichen, beruhigt, berührt, bewegt, entspannt, erleichtert, froh, gelassen, glücklich, lebhaft, locker, überrascht, verliebt oder zufrieden. **Vielleicht auch** atemlos, aufgekratzt, ausgelassen, begeistert, beschwingt, ergriffen, erwartungsvoll, geborgen, gelöst, gespannt, hellwach, hoffnungsvoll, interessiert, konzentriert, motiviert, neugierig, vergnügt, vertrauensvoll oder zuversichtlich. **Oder sogar** bezaubert, dankbar, energiegeladen, entzückt, fasziniert, gut gelaunt, inspiriert, lustvoll, optimistisch, selbstsicher, überglücklich, überwältigt oder verzaubert.

Hast du dein Gefühl gefunden? Vielleicht haben sich für dich auch mehrere Gefühle herauskristallisiert, die für dich wichtig sind. Zur Erinnerung: Finde zunächst ein, maximal zwei Gefühle, die deine innere Welt am besten widerspiegeln.

Schritt 2: Welches Gefühl wird dadurch ausgelöst?
»Ich bin überwältigt von deinen Ideen und sehr zuversichtlich für mein Projekt.«

Im Kapitel »Was unsere Bedürfnisse mit Geschenken zu tun haben« (siehe S. 61) habe ich die wichtige Rolle unserer Bedürfnisse bei Lob und Anerkennung verdeutlicht. In dem Beispiel von Simone und Linda war Simone (siehe S. 78) nicht bewusst, welche besonderen Gefühle sie bei Linda ausgelöst hat, da eben diverse Bedürfnisse von Simone durch dieses gemeinsame Gespräch erfüllt worden sind.

Ich bitte dich, das Kapitel über die Bedürfnisse (Grundbedürfnisse, soziale Bedürfnisse, Sicherheits- und Schutzbedürfnisse, Geltungsbedürfnisse und Bedürfnisse nach Selbsterfüllung, siehe S. 67), zurate zu ziehen und zu klären, welches Bedürfnis in deinem Fall erfüllt worden ist. Selbstverständlich kann es auch hier so sein, dass mehrere Bedürfnisse erfüllt worden sind. Konzentriere dich ebenfalls auf die ein oder zwei Bedürfnisse, die dir zunächst als am wichtigsten erscheinen.

So könnte also der Monolog bis hierhin aussehen:

Schritt 1: »Gestern haben wir ein sehr konstruktives Gespräch hinsichtlich meiner weiteren Projekte geführt.«
Schritt 2: »Ich bin **überwältigt** von deinen Ideen und sehr **zuversichtlich** für mein Projekt ...«
Schritt 3: Welches Bedürfnis wurde dadurch erfüllt?:
»... weil mir Inspiration und Zielorientiertheit (grundsätzlich) sehr wichtig sind.«

Der vierte Schritt ist, wie ich persönlich dachte, ein einfacher. In meinen Vorträgen und Seminaren habe ich allerdings festgestellt, dass dem häufig nicht so ist. In Schritt 4 geht es darum, Dankbarkeit – wie in meinem Beispiel für die Inspiration – zu zeigen und sich eben verbal zu bedanken, denn meine Freundin hat mir mit ihrer Kreativität eine große Freude bereitet.

* »Dankeschön.«
* »Ich danke dir.«
* »Ich danke dir von Herzen.«
* »Ich danke dir für die Inspiration.«

Manch einer sagt nun vielleicht: »Ich habe doch schon ein Gefühl genannt und mein Bedürfnis, reicht das nicht als Dank?« Dankbar zu sein für das, was wir als Geschenk von anderen Menschen erhalten, ist die Herausforderung, die ich am Anfang des Buches aufgezeigt habe. Wertschätzend miteinander umzugehen, bedeutet auch, anzuerkennen, wenn wir etwas geschenkt bekommen wie Zeit, Liebe, Kreativität … Bei einem Geschenk, das uns nett verpackt überreicht wird, sagen wir doch in der Regel auch Danke – oder? Es zeigt die Achtung und die Anerkennung für das freiwillige Engagement.

Fassen wir unser Lob also zusammen:

Schritt 1: »Gestern haben wir ein sehr konstruktives Gespräch hinsichtlich meiner weiteren Projekte geführt.«
Schritt 2: » Ich bin überwältigt von deinen Ideen und sehr zuversichtlich für mein Projekt …«
Schritt 3: »… weil mir Inspiration und Zielorientiertheit (grundsätzlich) sehr wichtig sind.«
Schritt 4: »Ich danke dir.«

ÜBUNG

LOB UND ANERKENNUNG BEWUSST AUSSPRECHEN

Lies dir die vier Schritte unter dem Aspekt, dass jemand diese vier bis fünf Sätze zu dir sagt, noch einmal durch. Wie fühlt sich das an? Angenehm? Wohlig? Vertrauensbildend?

Lies dir die Sätze noch einmal laut vor, und stelle dir vor, dass du sie zu einer Person deiner Wahl sagst. Wie fühlt sich das für dich an?

Nimm deine persönliche Liste der schönen Momente aus der Übung »Für ein glücklicheres Leben« (siehe S. 27) zur Hand, und entscheide dich für eine Situation, die dir besonders wichtig war. Welcher Person möchtest du als Erstes deine »neue« Anerkennung aus vollem Herzen mitteilen?

Starte mit der Situation, die dir angenehm aufgefallen ist. Ein oder zwei Sätze reichen für den ersten Schritt aus. Denke daran: Die Person, die dein Lob heute oder morgen zu hören bekommt, muss sich erst in die von dir ausgewählte Situation zurückversetzen, um dir inhaltlich gänzlich folgen zu können. Finde für dich dann deine Gefühle und deine Bedürfnisse, die die Situation, um die es geht, widerspiegeln.

ÜBUNG

IN VIER SCHRITTEN WERTSCHÄTZEND LOBEN

An dieser Stelle möchte ich dich gern ermutigen, Lob aktiv auszusprechen. Vielleicht bittest du eine Freundin oder einen Freund, dir als Übungspartner zur Verfügung zu stehen. Womöglich wird auch der nächste gemeinsame Spieleabend stattdessen ein Abend mit Lob und Anerkennung.

Wichtig ist, dass jeder für sich zunächst eine aktuelle oder vergangene Situation findet, in die eine nicht anwesende Person involviert war, für die das Lob gedacht ist. Das Gefühl, das durch diese Situation ausgelöst wurde, und das grundsätzliche Bedürfnis, das dadurch von euch erfüllt worden ist, herauszufinden, stellt dabei die größte Herausforderung dar. Setzt euch anschließend einander gegenüber, erklärt eurem Übungspartner, in welche Rolle er jetzt schlüpfen darf, und sagt hintereinanderweg die vier oder fünf Sätze, die ihr als Lob zu sagen habt.

Ich empfehle, den vier Schritten nicht allzu viel hinzuzufügen. Bitte erzähle keine Geschichten, und umschreibe das, was du sagen willst, nicht in zehn Sätzen. Fasse dich kurz! Bedenke, dass alles, was du sagst, von deinem Gegenüber gehört wird und auch verarbeitet werden muss. Je mehr du redest und umschreibst, desto schwieriger wird es für den anderen, deinen Ausführungen zu folgen und desto mehr lenkst du von den wesentlichen Inhalten ab. Beobachte bei deinen Ausführungen auch die Mimik und Gestik deines Übungspartners, dies kann dir viel über den anderen erzählen.

Spüre anschließend in dich hinein. Wie war es für dich, das Lob in den vier Schritten auszusprechen? Tausche dich mit deinem Partner darüber aus, welche emotionalen oder auch körperlichen Auswirkungen sich bei ihm ergeben haben. Konnte dein Übungspartner deinen Ausführungen folgen, oder hat er den Kontakt zu dir verloren, sodass es ihm unmöglich geworden ist, bis zum Schluss zuzuhören?

Wenn der Kontakt verloren gegangen ist, an welcher Stelle ist er abgerissen? Was hast du genau gesagt, das zu der emotionalen Unterbrechung geführt hat? Häufig liegt es daran, dass wir im Gespräch unsere persönlichen Wünsche als Bedürfnisse »getarnt« haben. Oder aber wurde der Kontakt die ganze Zeit aufrechterhalten, und das wertschätzende Lob ist angekommen? Dann feiere diesen Erfolg und den schönen Moment.

Tauscht anschließend auf jeden Fall die Positionen, sodass jeder einmal in der Situation ist, Lob zu verschenken und Lob und Anerkennung zu erhalten.

Ich liebe diese Übungen, da sie immer wieder zu erstaunlichen Erkenntnissen führen. Wir sind energetisch alle miteinander verbunden und können uns diesen Sachverhalt auch in der Kommunikation zunutze machen.

Das, was unser Übungspartner an Emotionen und körperlichen Reaktionen erlebt, wird mit einer sehr großen Wahrscheinlichkeit auch die Reaktion des Menschen sein, um den es tatsächlich geht und in dessen Rolle die Trainingspartner geschlüpft sind.

Das ist auch einer der Gründe, warum wir wichtige und entscheidende Gespräche sehr gut vorbereiten können. Eine Person sagt, was sie zu sagen hat, und der Übungspartner kann die Emotionen mitteilen, die aufgrund der ausgewählten Wortwahl mit großer Wahrscheinlichkeit entstehen. In den Vorbereitungen haben wir die einmalige Möglichkeit, Schwachstellen zu entdecken und unsere Wortwahl zu verbessern. Gleichzeitig erhalten wir die Chance, die Emotionen des anderen zu hören, uns über dessen Bedürfnisse klarer zu werden und uns darauf gleichzeitig besser einstellen zu können und Verständnis aufzubringen.

Hindernisse überwinden und kleine Fallen im Alltag aufdecken

Beispiel

Ohne Schlaf kein Lob

Eine Mutter – ich möchte sie Hanna nennen – erzählte im Rahmen einer meiner Vorträge zum Thema »Lob«, dass ihr fünfjähriger Sohn heute morgen ganz allein aufgestanden sei, sich die Zähne geputzt und sich vollständig angezogen habe. Sie sagte, sie fühle sich »einfach nur zufrieden«. Die anderen Mütter im Raum waren zutiefst erstaunt, da ihre ersten Gefühle zu einer solchen Situation eher als begeistert, überglücklich, überwältigt und sogar euphorisch zu beschreiben wären.

Hanna war irritiert und erzählte letztendlich unter Tränen, dass sie so müde, ausgelaugt und erschöpft sei, dass sie über alles, worum sie sich nicht zu kümmern brauche, einfach nur zufrieden sei. Es stellte sich heraus, dass ihre Grundbedürfnisse wie Schlaf und Erholung so wenig erfüllt waren, dass sie nicht mehr in der Lage war, die schönen und angenehmen Dinge um sich herum so wahrzunehmen, dass bei ihr Gefühle ausgelöst wurden, die tatsächlich zu der Situation, um die es ging, passten. Dank dieser Reflexion konnte sie schließlich für sich erkennen, dass sie sehr glücklich und auch zuversichtlich ist, da sie einen so aktiven kleinen Sohn hat, der sie durch seine bereits vorhandene Selbstständigkeit indirekt unterstützt – was sie ihm am nächsten Morgen mitteilte.

In den folgenden Wochen berichtete Hanna, was für ein wunderbarer Dialog mit ihrem Kind entstanden sei. Sie war ganz begeistert, wie interessiert und aufgeweckt ihr Sohn sei und wie viel er mit ihr teilen wolle. Was sie zunächst noch traurig machte, war, dass sie selbst nicht wusste, ob ihr Sohn in den letzten Wochen und Monaten bereits diese erstaunliche Entwicklung vollbracht hatte und sie durch ihre eigenen Probleme und Defizite in der Erfüllung ihrer Bedürfnisse so beschäftigt gewesen war, dass sie diese berührenden Eigenschaften womöglich nicht gesehen hatte.

Wenn wir selbst mit uns und unserem Leben so beschäftigt sind, dass wir müde, ausgelaugt und kaum ansprechbar sind, brauchen wir in der Regel alle Kraft für uns selbst. Dankbarkeit und das Erkennen von positiven Momenten und schönen Zeiten ist kaum möglich, da der Fokus dort einfach nicht liegt und die Erfüllung von anderen Bedürfnissen absoluten Vorrang hat.

Abraham Maslow, ein amerikanischer Psychologe, der von 1908–1970 lebte, stellte fest, dass unsere Bedürfnisse einer gewissen Priorität unterliegen. Es sind die fünf Stufen der Bedürfnisse, die ich bereits im Kapitel »Unsere unterschiedlichen Bedürfnisse« (siehe S. 67) erläutert habe. Diese Bedürfnisse bauen aufeinander auf, und grundsätzlich können wir feststellen, dass, wenn Bedürfnisse mit hoher Priorität wie unsere Grundbedürfnisse nicht erfüllt sind, die untergeordneten Bedürfnisse wie Sicherheits- und Schutzbedürfnisse mit niedrigerer Priorität keine drängende Rolle spielen.

Wenn uns die Lebensgrundlagen fehlen, können wir uns kaum den Bedürfnissen der nächsten Stufen, zum Beispiel den Geltungsbedürfnissen wie Erfolg und Status, entspannt zuwenden und schon gar nicht den Bedürfnissen nach Selbsterfüllung wie Selbstfindung und Gestaltung des eigenen Lebens und der Umwelt.

So können wir beispielsweise in der Regel nicht kreativ sein und ein Buch schreiben, wenn wir krank sind. Wir können

unserem Bedürfnis nach Selbstverwirklichung und Selbstentfaltung nicht nachgehen, wenn wir in einem Land leben, in dem Freiheit und Sicherheit kein allgemeingültiges Gut ist. Wir können unserem Bedürfnis nach Freude und Spaß kaum nachgehen, wenn wir gerade um unsere berufliche Sicherheit bangen. So konnte Hanna auch erst dann andere Bedürfnisse wahrnehmen, als ihre Grundbedürfnisse weitestgehend erfüllt waren.

Uns die eigenen Bedürfnisse stärker bewusst zu machen oder diese zu überprüfen, ist eine hilfreiche und belebende Angelegenheit. Welche Bedürfnisse sind erfüllt, welche sind nicht erfüllt? Wie kann ich Ersteres verstärken und Letzteres besser gestalten?

Ein weiteres Hindernis beim erfolgreichen Loben ist das **Lob aus purer Berechnung.** Wenn wir das Loben in ein Zug-um-Zug-Geschäft verwandeln, wird daraus nichts Gutes erwachsen. Der Mensch, der dieses Lob zu hören bekommt, wird die Manipulation darin bewusst oder unbewusst wahrnehmen, was Ablehnung auslöst. Gerade Kinder und Jugendliche, die Orientierung und Vorbilder suchen, haben die besten Antennen dafür, ob jemand etwas von Herzen sagt und ehrlich meint oder aber ob etwas anderes dahintersteckt.

Wenn wir Lob aus Berechnung »benutzen«, erschaffen wir gleichzeitig Erwartungen, die an dieses Lob geknüpft sind. Diese Erwartungen, sozusagen die Erfüllung unseres Zug-um-Zug-Geschäfts, sind nun offen und sollen unserer Meinung nach von anderen erfüllt werden – was in der Regel nicht so einfach funktioniert. Wie ich schon erwähnte, wird diese Manipulation intuitiv wahrgenommen, und es entsteht eine Ablehnung hinsichtlich der Erwartungen des Lobenden. Das Bedürfnis, zum Wohlbefinden anderer beizutragen, wird durch diese Manipulation ausgesetzt, und das Gegenteil tritt ein. Die Enttäuschung darüber, dass die Erwartungen in diesem Moment nicht erfüllt werden, ist daher die logische Konsequenz.

Lob ist nur ehrlich, wenn es von Herzen kommt und ohne Erwartungen ausgesprochen wird.

Eine weitere Falle, die gerade beim Loben recht häufig auftaucht, ist, dass wir nicht über unser persönliches erfülltes Bedürfnis sprechen, sondern darüber, was wir uns für einen anderen Menschen wünschen. **Wir glauben zu wissen, was das Beste für den anderen ist.** Was damit konkret gemeint ist, möchte ich anhand von Susannes Beispiel verdeutlichen:

Beispiel

Endlich nimmst du ab!

Susanne erzählte, dass sie ihren Mann Peter viel dafür lobt, dass er mit Sport angefangen hat. Er hatte sich ihrer Meinung nach die letzten Jahre etwas »gehen lassen«, an Gewicht zugenommen und war – in ihrer Wahrnehmung – sehr träge geworden. Daher freute sie sich, dass ihre Anregungen Früchte getragen hatten, wenn ihr Mann nun bereit war, etwas für sich zu tun.

Allerdings, so stellte sie fest, kam ihr Lob nicht gut an, da sich ihr Mann, wie er sagte, »etwas von ihr drangsaliert fühlte«. Was ist bei diesem Lob nun schief gelaufen?

Ihren Dialog stelle ich hier der Übersichtlichkeit halber gekürzt anhand unserer vier Schritte vor:

Schritt 1: »Ich sehe, dass du konsequent zweimal in der Woche laufen gehst und einmal ins Fitnessstudio.«
Schritt 2: »Ich bin begeistert …«
Schritt 3: »… weil mir sehr wichtig ist, dass du dich bewegst und dich sportlich betätigst.«
Schritt 4: »Ich danke dir.«

Vielleicht hast du es bereits beim Lesen bemerkt, irgendetwas stimmt bei diesem Lob nicht – es entsteht keine Verbindung.

Der entscheidende Unterschied ist, dass Susanne nicht von ihrem persönlichen Bedürfnis gesprochen hat, das durch seine sportlichen Aktivitäten, wie zum Beispiel Gesundheit, Lebensfreude oder Gemeinsamkeit (wenn man nun zusammen durch den Wald laufen kann) erfüllt wird. Bedürfnisse zeichnen sich jedoch gerade dadurch aus, dass sie grundsätzlicher Natur sind und personenunabhängig. In dem Moment, da wir beginnen, Bedürfnisse in unsere persönlichen Wünsche zu verändern, wie es Susanne getan hat, verlieren sie ihre verbindende Wirkung.

Der Satz »Ich sehe, dass du konsequent zweimal in der Woche laufen gehst und einmal ins Fitnessstudio. Ich bin begeistert. Mir ist es sehr wichtig, dass du dich bewegst und dich sportlich betätigst« hat eine ganz andere Aussagekraft als diese Variante: »Ich sehe, dass du konsequent zweimal in der Woche laufen gehst und einmal ins Fitnessstudio. Ich bin begeistert, da mir Bewegung und ein gesunder Lebensstil grundsätzlich wichtig sind.«

In Susannes Beispiel findet sich der Aspekt der Erwartungen an den anderen wieder – »Mir ist wichtig, dass du …« –, der gleichzeitig Druck auslöst. Druck, das haben wir vielfach gelernt, löst immer Gegendruck und eine Gegenreaktion aus. In nur sehr seltenen Fällen entstehen durch Druck bei der angesprochenen Person eine Offenheit und der Wille, sich zu verändern.

Bei der genannten zweiten Variante hat Susanne nur ihre Begeisterung mitgeteilt und die grundsätzlichen Bedürfnisse, die sie hat und die ihr wichtig sind. Durch die sportlichen Aktivitäten ihres Mannes werden diese plötzlich in ihrem Leben erfüllt. Peter wusste nun, welche grundsätzlichen Bedürfnisse er seiner Frau erfüllt, wenn er auf seine körperliche Fitness achtet. Der Druck, dass die Erfüllung der Bedürfnisse an ihn gekoppelt sind, entfällt. Letztendlich – nur zur Erinnerung – sind wir grundsätzlich selbst für die Erfüllung unserer Bedürfnisse verantwortlich, nicht die anderen.

Die Grundvoraussetzung für jedes wertschätzende Lob ist Selbstempathie, das heißt die Einfühlung in uns selbst. Es ist wichtig, dass wir tatsächlich von unseren grundsätzlichen Bedürfnissen sprechen, und nicht davon, was aus unserer Sicht gut für den anderen ist.

Manchmal braucht es auch Lob und Anerkennung, um überhaupt gehört zu werden. Ich kann mich noch sehr gut an ein persönliches Erlebnis erinnern, das mir diesen Sachverhalt klar vor Augen geführt hat:

Beispiel

Gute Arbeit!

Bei einem Wohnungsumzug haben mein Lebensgefährte und ich uns handwerkliche Unterstützung geholt, um die neue Wohnung, die seit 20 Jahren keine Renovierung erfahren hat, professionell streichen zu lassen. Die 15-seitige Rechnung, der diverse Protokolle der angestellten Maler beigefügt worden waren, konnten wir nicht umfänglich nachvollziehen. Wir baten den Malermeister zu einem kurzen Besuch und einem abschließenden Gespräch, um die offenen Fragen zu klären.

Mein Lebensgefährte begann sofort, die Rechnung auszubreiten und unsere Sichtweise anzuführen. Allerdings tauchten in diesem Gespräch weitere Unklarheiten auf, Absprachen waren unterschiedlich in Erinnerung, und die Situation am Tisch wurde zusehends angespannt, was dazu führte, dass ich den Dialog unterbrach. Beide Herren sahen mich zunehmen irritiert an. »Ich möchte das Gespräch noch einmal von vorn beginnen«, sagte ich. »Zunächst einmal möchte ich betonen, dass uns die Arbeit zu hundert Prozent gefällt. Wir sind absolut begeistert davon, was Ihre Mitarbeiter hier in der Wohnung geleistet haben. Unabhängig davon waren sie absolut zuverlässig, und die vereinbarte Fertigstellungszeit ist eingehalten worden, was uns sehr wichtig war. Dafür möchte ich mich ausdrücklich bedanken. Es gibt absolut überhaupt nichts zu bemängeln, und es geht uns tatsächlich ausschließlich darum, die Rechnung zu verstehen.«

Der Malermeister sah mich völlig erstaunt an und sagte: »Es freut mich sehr zu hören, dass wir den Auftrag zu Ihrer vollsten Zufriedenheit fertiggestellt haben. Ich hatte den Eindruck gewonnen, dass Sie mit etwas nicht zufrieden sind und daher versuchen wollen, den Preis zu drücken.« Mein Lebensgefährte sagte: »Ja, natürlich ist alles in Ordnung, Ihre Mitarbeiter haben eine sehr gute Arbeit geleistet.«

Von einer Sekunde auf die nächste wollte mein Lebensgefährte nun die Rechnung bezahlen, und der Malermeister wollte sehr gern den Betrag, den wir nicht verstanden hatten, streichen. Die Anerkennung der Leistung hat bei beiden Vertragspartnern dazu geführt, Verständnis für den jeweils anderen zu haben und gleichzeitig kompromissbereit zu sein. Das Gespräch ist dann noch sehr humorvoll geworden, als nun wiederum beide Herren darauf bestanden, zu bezahlen bzw. zu verzichten, mit einem guten Ende für beide Seiten.

Ist das Manipulation, wenn wir Menschen Respekt zollen, wenn Wertschätzung und Respekt auch angemessen sind?

Ein achtsames und respektvolles Miteinander, ein ehrliches positives Feedback wird Türen öffnen, weil das Gesetz der Resonanz auch in der Kommunikation wirkt. Die Bereitschaft, unser Gegenüber zu verstehen, steigt automatisch, wenn wir persönlich oder unsere verrichtete Arbeit im Vorfeld respektiert wurden und wir in unserem Sein angenommen sind.

Echtes Lob ist gelebte Dankbarkeit.

ÜBUNG

SO KÖNNEN WIR LOB ERSPÜREN

Ich bitte dich, einen Moment innezuhalten und dich an eine Situation zu erinnern, in der dir Respekt, Wertschätzung oder Anerkennung von jemand anderem geschenkt wurde.

Fühle dich in die Situation hinein. Wie war das für dich? Ist Ablehnung in dir entstanden oder aber die Bereitschaft, den anderen wiederum zu verstehen? Wie seid ihr aus diesem Gespräch gegangen, und wie hat sich diese Offenheit auf eure Beziehung ausgewirkt?

Dann betrachte mit deinem Herzen auch zwei andere Situationen, die dir spontan einfallen, auf diese Weise.

ÜBUNG

EINMAL KRITIK BRAUCHT ZWEIMAL LOB

Wie wichtig Lob im Zusammenhang mit Kritik ist, ist oftmals nicht klar. Die Erfahrung zeigt, dass Kritik mit einem einzigen Lob nicht »aufgewogen« werden kann, sondern dass es vielmehr das Zwei- bis Dreifache an Lob braucht, um nach Kritik wieder eine Harmonie im Miteinander herzustellen.

Probiere das für dich aus, indem du die Person, die dich heute oder in der letzten Zeit kritisiert hat, bittest, dir ehrliche Anerkennung zu geben. Wie viel Lob braucht es vonseiten des anderen, damit die Verbindung zwischen euch beiden wieder besteht und ihr offenen Herzens aufeinander zugehen könnt? Mache dir klar, was Kritik nachhaltig auslösen kann, ohne die heilsame Auflösung durch Wertschätzung und Anerkennung.

Sollte dir jetzt eine Person einfallen, die du kritisiert hast, ist das die Chance, Lob und Anerkennung zu verschenken, um die Beziehung zurück in die Balance zu bringen.

Wir haben jetzt gemeinsam eine große Bewusstseinsarbeit hinter uns. Jetzt geht es darum, einen kleinen Stopp einzulegen, tief zu atmen und für sich selbst bewusst herauszufinden, welche Situationen oder Handlungen wir sofort in neue Bahnen lenken wollen. Es geht darum, jetzt in die Aktion zu gehen und uns aktiv vorzubereiten für das nächste Lob und die nächste Anerkennung, die wir anderen schenken wollen. Was ist unser Bedürfnis, was wollen wir ehrlich über uns mitteilen? Dazu braucht es etwas Willensstärke. Denn wir wollen alte Pfade verlassen, die wir schon lange gegangen sind und die sich daher in unserem System manifestiert haben. Ohne Willensstärke werden wir kurzfristig in alte Muster zurückfallen und all die wunderbaren Bewusstseinserkenntnisse, die wir gewonnen haben, wieder vergessen. Kennst du das, man entdeckt irgendwann ein Buch, einen Artikel oder führt ein Gespräch und stellt fest: »Das habe ich doch schon einmal gehört?« Manchmal werden wir in solchen Momenten ärgerlich, da wir erkennen, dass wir bereits zu einem früheren Zeitpunkt in unserem Leben die Chance hatten, etwas zu unseren Gunsten zu ändern und unser Leben in Frieden und Harmonie mit anderen zu bringen. Diese Chance wurde seinerzeit vertan. Nutze diese Chance heute!

JETZT IST WILLENSSTÄRKE GEFRAGT!

Willensstärke bedeutet, nicht jedem Impuls nachzugehen, der uns von unserem Ziel, zum Beispiel etwas in unserem Leben zu ändern, ablenkt. Die Willensstärke, das Selbstmanagement oder die Selbstbestimmung sind für unser Leben eine wichtige, erlernbare Eigenschaft. Wenn wir über Willensstärke verfügen, können wir das machen, wovon wir überzeugt sind und was wir gern möchten. Wir können auf der anderen Seite das lassen, von dem wir wissen, dass es uns nicht guttut. **Unabhängig davon sind wir so in der Lage, unsere Ziele auch langfristig zu verfolgen.**

Ich kann mich noch sehr gut daran erinnern, wie die wertschätzende Kommunikation ihren Weg in mein Leben gefunden hat und ich intuitiv sofort verstanden habe, wie wichtig diese Form des Miteinanders für mich persönlich und für den achtsamen Umgang mit meinen Mitmenschen sein wird. Die Chance, wertschätzend in die Selbstreflexion zu gehen, hat mich fasziniert. Umgehend begann ich, im Internet nach Vorträgen und Seminaren zu recherchieren, habe verschiedene Vorträgen besucht und mir mehrere Trainer angehört, um für mich das Beste zu finden.

Ich versuchte sofort, das Gelernte in meinem Job und natürlich auch in meinem privaten Umfeld umzusetzen. Meine

Freundinnen und Freunde habe ich im Vorfeld gewarnt, damit sie sich nicht wunderten, wenn ich die neuen Kommunikationsformen ausprobierte. Die Erfolge ließen nicht lange auf sich warten. Daher besuchte ich weitere Seminare und machte eine Ausbildung. In dieser Zeit habe ich mir selbst einzelne Karten geschrieben, um die für mich elementaren Erkenntnisse festzuhalten. Mein Kartenset »Wertschätzend kommunizieren« besteht zu einem großen Teil aus diesen Karten, die ich als Unterstützung und zur Erinnerung erstellt habe.

Bis heute habe ich mein Ziel, meine Kommunikation zu verbessern, nicht aufgegeben, vor allem, da mir relativ schnell klar geworden ist, dass es sich hier ohnehin um einen lebenslangen Prozess handelt. Wir werden immer wieder mit neuen Situationen und Konflikten mit anderen konfrontiert, die uns fordern und die bewältigt oder gelöst werden wollen. Es hat mich viel Kraft, Zeit, Mut und manchmal auch Anstrengung gekostet – der Erfolg und die tiefe Zufriedenheit mit mir selbst waren jedoch jede Bemühung wert.

Gelebte Willensstärke und Selbstmanagement bedeuten daher Hingabe und mitunter auch Anstrengung. Es kann eine große Herausforderung sein, die eigenen Impulse lebenslang zu betrachten und gegebenenfalls zurückzustellen, wie zum Beispiel die Tafel Schokolade abzulehnen, wenn wir gerade das eine oder andere Kilo verlieren wollen.

Gleichzeitig kann Willensstärke jedoch auch dazu führen, dass wir wichtige Impulse für uns nicht mehr wahrnehmen, wie es sich zum Beispiel immer stärker bei beruflich erfolgreichen Menschen zeigt. Ein starker Wille wird eingesetzt, um im Beruf erfolgreich zu sein, sodass wiederum die Gefahr besteht, dass wichtige persönliche Bedürfnisse nicht mehr gehört werden. Wenn wir jedoch unsere Gefühle wie Erschöpfung oder Müdigkeit nicht mehr fühlen und zulassen, sind wir automatisch nicht mehr in der Lage, unsere fehlenden Bedürfnisse zum Beispiel nach Schlaf oder Erholung wahrzunehmen. Damit ist der Weg in die Krankheit, in eine Depression oder sogar einen Burn-out geebnet.

Es ist somit unsere Aufgabe, eine gute Balance für eine gelebte Willensstärke zu finden, die uns unterstützt, aber nicht schädigt. Im Folgenden noch ein paar praktische Anregungen:

- **Selbstwahrnehmung:** Wir dürfen lernen, hinzuspüren und hinzuschauen, was wir brauchen und was gut für uns ist.

- **Selbstliebe:** Das, was wir durch Selbstwahrnehmung erkennen, dürfen wir für uns umsetzen. Welche Bedürfnisse haben wir? Wie können wir uns diese erfüllen? Was müssen wir tun, um gut für uns zu sorgen?

- **Zielbindung:** Dafür können wir eine konkrete Verabredung mit uns selbst treffen und überlegen, wie wir unserem Ziel näherkommen. Gleichzeitig dürfen wir uns auf unterschiedlichste Art und Weise daran erinnern, was wir wollen und was unser Weg ist. Das bedeutet nicht, dass wir bereits den ganzen Weg kennen müssen. Wichtig ist, dass wir uns auf unser Ziel fokussieren und dieses im Auge behalten.

Selbstlob stinkt – tatsächlich?

Wenn wir uns engagieren, um unser Leben empathischer, verständnisvoller und liebevoller zu gestalten, ist das eine Aufgabe, die Anerkennung verdient. Wir investieren Zeit und Energie und erleben dadurch Erfolge. Diese Erfolge wollen gefeiert werden.

In meinen Seminaren höre ich immer wieder von Teilnehmerinnen und Teilnehmern, dass ihnen in ihrer Kindheit eingebläut worden ist, sich selbst zu loben sei anmaßend, überheblich und unangemessen. Da Kinder in der Regel uneingeschränkt glauben, was ihre Eltern ihnen sagen, wird diese Aussage unreflektiert übernommen und wirkt auch noch im Erwachsenenalter.

Wenn wir uns selbst keine Anerkennung für das, was wir erreicht oder erschaffen haben, geben dürfen, begeben wir uns in eine Position der Abhängigkeit. Denn jeder Mensch möchte gesehen werden und auch Anerkennung bekommen für das, was er vollbringt. Für den einen sind dies anerkennende Worte, für den nächsten liebevolle Gesten und für andere die Gehaltserhöhung. Wenn wir uns somit die Anerkennung in unserem eigenen Leben verweigern, brauchen wir infolgedessen die Anerkennung von anderen Menschen.

Mit uns selbst anerkennend umzugehen, bedeutet auch gleichzeitig, Achtung vor uns selbst zu haben. Wir haben Entscheidungen getroffen, Handlungen vorgenommen und Konsequenzen getragen. Dadurch bestärken wir uns und stärken unser Selbstwertgefühl. Gleichzeitig erhalten wir so die Chance, noch intensiver zu lernen, was wir uns bereits in unserem Leben erfüllen und in welchen Bereichen wir glücklich sind. Wenn wir selbst anerkennend mit uns umgehen, entfällt dieses große Bedürfnis, Anerkennung zwingend von anderen zu erwarten, und stattdessen kann eine tiefe Zufriedenheit entstehen.

Du hast nun dieses Buch bis hierhin gelesen und dich auf Neues eingelassen. Vielleicht hast du auch deine eigenen Handlungen und Worte kritisch betrachtet und bist neugierig geblieben, welche Lösungen für dich infrage kommen. Das bedeutet Engagement, Willensstärke und vielleicht auch ein klein wenig Anstrengung. Ich bitte dich nun, deine rechte Hand auf deine linke Schulter zu legen und dir auf die Schulter zu klopfen und dich einmal ordentlich dafür zu loben.

Hat dich gerade jemand gelobt? Dann freue dich einfach darüber! Mache dieses Lob nicht klein oder weise es von dir. Ein Lob anzunehmen, bedeutet, sich seines eigenen Wertes durchaus bewusst zu sein. Denke daran, Lob zu hören oder zu verschenken, löst gleichermaßen Freude und Wohlbefinden aus – wenn es von Herzen kommt.

Echtes Lob ist ein Schlüssel zum Glück.

Lob und Anerkennung lohnen sich für jeden

Zum Abschluss möchte ich gern von einem Beispiel berichten, das zeigt, welch positive Auswirkungen ein wertschätzendes Lob im Umgang miteinander haben kann.

Beispiel

Einfach den Anfang machen – und loben!

Marie hatte bereits zwei Wochen einer Erholungskur genossen, als sie einen Vortrag über Lob und Anerkennung von mir besuchte. Der Titel »Weißt du eigentlich, wie toll dein Mann, dein Kind ist« hatte sie berührt, und sie spürte intuitiv, wie sie später sagte, dass die Erkenntnisse aus diesen 90 Minuten wichtig für sie sein würden.

Während der Zeit ihres Kuraufenthaltes war vereinbart worden, dass ihr Ehemann sich der Betreuung des gemeinsamen

Sohnes annimmt. Wie sie in der Runde mitteilte, hatte er es zu ihrem großen Erstaunen geschafft, eine Vereinbarung mit seinem Vorgesetzten zu finden, sodass er für die drei Wochen ihrer Abwesenheit am frühen Nachmittag das Büro verlassen konnte. Ihr Mann hatte sich unterschiedlichste Unternehmungen ausgedacht, um eine besondere Vater-Sohn-Zeit zu gestalten, mit dem Ergebnis, dass es beiden sehr gut ging. Wie sie hörte, vermisste ihr Sohn sie nicht so sehr, wie sie befürchtet hatte.

Trotz allem, so berichtete sie, hatte sie ihrem Mann gegenüber bislang nie etwas Positives geäußert. Alles sträubte sich in ihr, da sie in ihrer Wahrnehmung für ihre Arbeit und ihr Engagement von ihrem Mann ebenfalls keine Wertschätzung erhalten habe. »Alles« sei von ihm als selbstverständlich hingenommen worden, was dazu führte, dass sie nun ihm gegenüber ebenfalls keine Anerkennung aussprechen wollte. Gleichzeitig, so spürte sie, führte diese Entscheidung zu einer emotionalen Distanz und auch einer Traurigkeit – etwas, was sie nun nach zwei Wochen Erholung aktiv ändern wollte.

»Dein Mann«, erwiderte ich, »hat sich ganz offensichtlich eine Menge Gedanken gemacht, wie er die Zeit deiner Abwesenheit bestmöglich gestalten kann und hat weitreichende Entscheidungen getroffen, um für euren Sohn nach der Schule uneingeschränkt da sein zu können. Er hat nicht nur seine Zeit zur Verfügung gestellt, sondern auch noch darauf geachtet, wie diese Zeit wertvoll und abwechslungsreich erlebt werden kann.« Ich fragte Marie, welche Gefühle diese Situation in ihr auslösten.

»Wenn ich ehrlich bin«, antwortete sie, »bin ich davon sehr berührt. Ich hätte nicht gedacht, dass sich mein Mann so viele Gedanken macht und unserem Sohn während meiner Abwesenheit so eine gute Zeit bereitet. Ich bin auch sehr glücklich, zu hören, dass es meinem Sohn gut geht.«

»Was dein Mann gerade zu Hause vollbringt, berührt dich also und macht dich glücklich«, fasse ich ihre Gefühle noch einmal zusammen. »Welche deiner ganz persönlichen Bedürfnisse werden von ihm mit seinem Verhalten erfüllt?«

Sie brauchte einen Moment, bis sie antworten konnte. »Ich merke gerade«, antwortete sie, »dass eine Flut von Bedürfnissen damit erfüllt wird, was mir so allerdings bislang überhaupt nicht klar gewesen ist. Zum einen ist es diese **Verlässlichkeit**. Ich sehe, ich kann mich zu hundert Prozent auf ihn verlassen und brauche mir keine Gedanken darüber zu machen, wie die Situation zu Hause ist, denn ich weiß, sie ist gut – nein, sie ist sehr gut. Gleichzeitig führt diese Erkenntnis dazu, dass auch mein Bedürfnis nach **Entlastung** und **Entspannung** erfüllt wird. Denn ich habe tatsächlich die Chance, mich in dieser Kur einfach nur um mich kümmern zu dürfen, um wieder voll und ganz in meine eigene Kraft zu kommen. Das wiederum führt zu echter **Lebensfreude**, da ich die Zeit mit den Unternehmungen, Massagen und Anwendungen voll und ganz genießen kann.« Nach einer kurzen Pause bemerkte sie: »Ich merke auch gerade, dass in mir eine tiefe **Dankbarkeit** entsteht und eine tiefe Verbundenheit zu meinem Mann.«

»Könntest du dir jetzt vorstellen, ihm das auch so mitzuteilen und dich von Herzen dafür zu bedanken?«, fragte ich. Mit glänzenden Augen und einem Lächeln im Gesicht erwiderte sie: » Das kann ich mir nicht nur vorstellen, sondern es ist mir ein riesiger Herzenswunsch geworden, den ich nach diesem Vortrag direkt umsetzen werde.«

Wie sie mir später erzählte, hat sie ihren Mann an diesem Abend noch angerufen, um die Situation anzusprechen und ihre Gefühle und erfüllten Bedürfnisse mitzuteilen. Sie hat sich von Herzen bei ihm bedanken können. Er habe sich sehr über diese Anerkennung und die Wertschätzung von ihr gefreut. Ihre Offenheit und Ehrlichkeit haben dazu geführt, dass sie sich an diesem Abend noch sehr lange unterhalten haben.

Die emotionale Trennung von ihrem Mann und letztendlich sich selbst, die sie früher mit großem Bedauern wahrgenommen hatte, war einer neuen Verbundenheit und Zuneigung gewichen.

Was ich persönlich an ehrlichem Lob und Anerkennung so faszinierend finde, ist, dass das, was wir verschenken, den Weg direkt zu uns selbst zurückfindet.

Lob und Anerkennung lohnen sich aus unterschiedlichsten Gründen. Hier ist meine persönliche Hitliste:

Verbindung: Wenn wir über unsere Gefühle und Bedürfnisse reden, uns öffnen und andere an unseren Emotionen teilhaben lassen, führt das grundsätzlich zu Verbindung im Miteinander. Dieser Prozess entsteht ganz automatisch, weil wir menschliche Wesen sind, die alle – ohne Ausnahme – Gefühle und Bedürfnisse haben. Ein ehrlicher Austausch ist die Basis für jede Beziehung.

Freude: Lob und Anerkennung zu verschenken, lässt Freude auf beiden Seiten entstehen. Es ist schön, Lob aussprechen zu dürfen, und es ist gleichermaßen schön, ein ehrliches Lob zu hören.

Liebe: Wenn Liebe fließen kann in Form von Anerkennung, Respekt und Wertschätzung und wir damit verschwenderisch umgehen, wird sich dies selbstverständlich in unserem Leben widerspiegeln.

Verständnis: Durch die eigene Selbstreflexion, die erforderlich ist, um wertschätzendes Lob auszusprechen, entdecken wir immer besser unsere eigenen Gefühle und das, was wir brauchen. Je mehr Klarheit wir darüber haben, was uns wichtig ist, desto besser können wir uns mitteilen. Das steigert unser

Selbstwertgefühl und unsere innere Stärke, und es fällt uns leichter, für uns einzustehen. Das Verständnis für uns selbst, für andere, aber auch das Verständnis von anderen uns gegenüber wird wachsen.

Motivation: Die positive Resonanz, die entsteht, wenn wir mit so geringem Aufwand Anerkennung verschenken, ist eine große Motivation, das eigene Leben weiterhin positiv zu gestalten.

Anerkennung und Respekt: Wenn wir diese beiden Bedürfnisse in unserem Leben erfüllt wissen wollen, ist es erforderlich, zuerst uns selbst und andere zu achten. Das wertschätzende Lob ist auf diesem Weg eine hilfreiche Unterstützung.

Empathie: Einfühlung in uns selbst und in andere ist heute einer der Aspekte, die immer wertvoller und wichtiger werden. Menschen, die empathisch sind, sind erfolgreicher, angesehener und haben eine größere Chance, ein zufriedenes Leben zu leben. Die Fähigkeit, Empathie zu zeigen, also die emotionale Intelligenz, wird heute, wie ich immer wieder im beruflichen Umfeld höre, als zusehends wichtiger eingeschätzt als der sogenannte Intelligenzquotient.

Harmonie: Alle genannten sieben Aspekte sind Voraussetzung dafür, dass Harmonie im Miteinander entstehen kann. Diese Bedürfnisse sind, wenn wir uns gegenüber ehrlich sind, die,

die wir alle sehr gern in unserem Leben vorfinden wollen. Wir haben über Lob und Anerkennung die Möglichkeit, etwas zu verschenken, was mit sehr großer Wahrscheinlichkeit in unterschiedlichster Form zu uns zurückfindet. Mit unserer Kommunikation haben wir die Chance, Türen zu öffnen, Verbindungen zu schaffen und ein glücklicheres Leben zu führen. Lasst uns diesen Glücksfall nutzen!

Bleibt zum Abschluss, dich nochmals zu bestärken, Lob und Anerkennung, die dir entgegengebracht werden, auch anzunehmen. Mir ist bewusst, wie schwer es manchmal fällt, etwas Wertschätzendes zu hören. Schnell sind wir dabei, abzuwiegeln oder unsere eigenen Leistungen zu schmälern. Bitte tue das nicht! Denke daran, dass du die Geschenke sonst zurückweist, die du bereits erhalten hast.

Ich wünsche euch allen von Herzen viele neue Erkenntnisse und Erfolg beim Ausprobieren, und klopft euch ab und an für eure Leistungen auf die Schulter.

Danksagung

Ein großer Dank geht an meine Leserinnen und Leser, die mir durch ihr positives Feedback immer wieder bestätigen, was mir persönlich so wichtig ist: Bücher zu schreiben, die verständlich und alltagstauglich sind und die das Wie, also wie wir etwas sagen können, erklären. Wenn ich höre, dass Leben aktiv in die Hand genommen werden und welche Freude, Leichtigkeit und vor allem Zuversicht entstehen, ist das mein größter Dank.

Ich danke den Müttern und Vätern der Eltern-Kind-Klinik, in der ich einige Jahre lang Vorträge unter dem Titel »Weißt du eigentlich, wie toll dein Kind ist?« halten durfte. Die Dankbarkeit, die ich erfahren durfte, da die Eltern ihre persönlichen Hürden erkennen und vor allen Dingen in den Wochen des Klinikaufenthaltes auch in Ruhe umsetzen konnten, war für mich eine absolute Bereicherung. Die Offenheit der Teilnehmerinnen und Teilnehmer war für mich ein großes Geschenk, da ich in einer Vielzahl von Beispielen erkennen durfte, wie groß der Bedarf ist und wie riesig die Chancen sind, wenn wir erst einmal erkennen können, auf was es beim Kommunizieren ankommt. Dem Wunsch der Eltern, hierzu noch mehr zu erfahren, bin ich mit diesem Buch gern nachgekommen. Ich danke euch für die Inspiration.

Ein großer Dank geht an Heidi und Markus Schirner und das ganze Team des Schirner Verlags. Die Offenheit für meine Buchideen und die anschließende kreative Gestaltung lösen in mir tiefe Zufriedenheit und Freude aus. Ich freue mich auf eine weitere erfüllte und erfolgreiche Zusammenarbeit.

Ein abschließender, aus tiefstem Herzen kommender Dank geht an meinen Lebensgefährten, an meine Familie und meine Freunde, die mich mit viel Liebe in meinem Leben begleiten. Eure ehrliche Anteilnahme, Unterstützung und anhaltende Freundschaft ist mir eine große Quelle des Glücks.

Über die Autorin

Claudia Fabian ist Trainerin für wertschätzende Kommunikation und mediale, ganzheitliche Lebensberaterin. Sie bietet Einzelsitzungen, Seminare und Vorträge in ganz Deutschland und der Schweiz für Privatpersonen und Unternehmen an. Zudem arbeitet sie als Dozentin in der Paracelsusschule mit Seminaren zur »Wertschätzenden Kommunikation« nach Marshall Rosenberg, zu »Klientenzentrierter Gesprächsführung« nach Carl Rogers, zu »The Work« nach Byron Katie und für die höhere Fachprüfung zum Naturheilpraktiker mit eidgenössischem Diplom (HFP) in Form eines Ausbildungstools über 13 Tage in der Schweiz. Einfühlsamkeit und Achtsamkeit im zwischenmenschlichen Bereich sind ihr ein großes Anliegen.

www.claudia-fabian.de

Literaturempfehlungen

Golemann, Daniel; Kreissl, Dr. Reinhard: Soziale Intelligenz: Wer auf andere zugehen kann, hat mehr vom Leben. Droemer TB 2017

Hühn, Susanne: Das innere Kind – Selbstwert entwickeln. Schirner Verlag 2015

Rosenberg, Marshall B.: Gewaltfreie Kommunikation. Eine Sprache des Lebens. Junfermann Verlag 2016

Seidel, Nick: Körpersprache: Wie Sie kinderleicht die Körpersprache anderer deuten, um Menschen sofort lesen und verstehen zu können (Körpersprache lesen, nonverbale Kommunikation, Mimik und Gestik). Create Space Independent Publishing Platform 2016

Shazer, Steve de; Varga Kibéd, Matthias von: Mehr als ein Wunder: Die Kunst der lösungsorientierten Kurzzeittherapie. Carl-Auer Verlag GmbH 2016

Voller, Carsten: Emotionale Intelligenz erhöhen: Emotionen wahrnehmen, verstehen und ausdrücken. Independently published 2017

Watzlawick, Paul: Anleitung zum Unglücklichsein. Piper Taschenbuch 2009

Bildnachweis

Die ganze WELT der wertschätzenden Kommunikation

Buch: Claudia Fabian
Wertschätzend kommunizieren – achtsam miteinander umgehen
Einfühlsamkeit verstehen und leben
120 Seiten
ISBN 978-3-8434-1236-0

Wer kennt das nicht: Ein Wort gibt das andere, und plötzlich fühlt man sich angegriffen und zu Rechtfertigungen genötigt … Wenn Kommunikation derart schiefläuft, ist in der Regel ein Mangel an Einfühlungsvermögen und Achtsamkeit die Ursache. Claudia Fabian zeigt uns, wie wir diese »alte Kommunikation«, die von Distanz und reiner Funktionalität geprägt ist, hinter uns lassen, unser Herz öffnen und wieder für uns selbst einstehen. Tipps, Praxisbeispiele und Reflexionsübungen sind dabei eine wertvolle Unterstützung. So werden wir uns unserer Worte und deren Wirkungen bewusst, finden zu einer achtsamen und wertschätzenden Kommunikation und erreichen ein liebevolles, lebensfrohes und erfolgreiches Miteinander!

Kartenset: Claudia Fabian
Wertschätzend kommunizieren – achtsam miteinander umgehen
Einfühlsamkeit als Schlüssel zu Glück und Erfolg
40 Karten mit Anleitung
ISBN 978-3-8434-9081-8

Jedes unserer Worte löst in unseren Gesprächspartnern eine deutliche Resonanz aus: Begegnen wir ihnen mit Ungeduld und Aggressivität, reagieren sie entsprechend unfreundlich. Bringen wir in unserer Kommunikation Wertschätzung und Achtsamkeit zum Ausdruck, erhalten wir diese zurück. Die Kommunikationstrainerin Claudia Fabian macht es Ihnen mit diesem Kartenset leicht, einen neuen und einfühlsamen Umgang mit Ihren Mitmenschen zu pflegen. Intuitiv wählen Sie die Karten aus, die Ihre Themen ansprechen: Ausreden vermeiden, eigene Gefühle wahrhaftig zum Ausdruck bringen, eine Bitte richtig formulieren … Dank kurzer Erklärungen und klarer Tipps können Sie belastende Muster schnell erkennen und schon bald auflösen.

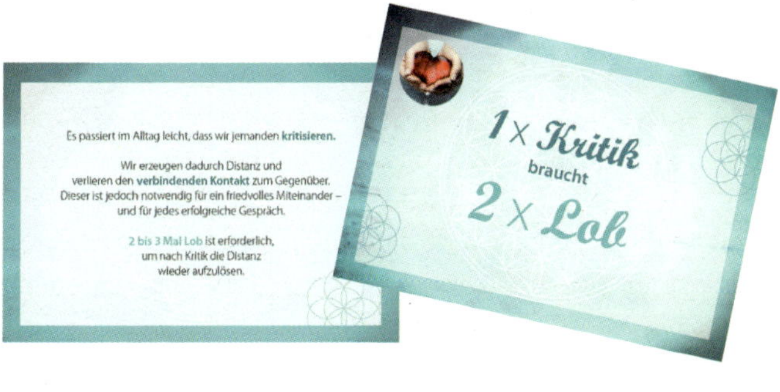

Claudia Fabian
Mutig und respektvoll
Nein sagen
Mit Wertschätzung und innerer
Leichtigkeit für sich einstehen
128 Seiten
ISBN: 978-3-8434-1276-6

Schnell passiert es, dass man auf eine Frage oder Bitte mit »Ja« antwortet, obwohl man spürt, dass für einen selbst »Nein« die richtige Antwort wäre. Und das nur, weil man befürchtet, andere zu enttäuschen oder zu verärgern. Das Gegenteil ist der Fall! Wer für seine persönlichen Bedürfnisse einsteht und diese achtsam kommuniziert, erlangt Verständnis und Respekt. Machen Sie sich mit der Gesprächsstrategie der »vier Schritte« vertraut, und es wird Ihnen in jeder Lebenslage möglich sein, Klarheit zu schaffen, auf die eigenen Gefühle zu hören, mit aufrichtigem Bedauern Nein zu sagen und dem Gesprächspartner trotzdem ein gutes Gefühl zu geben.

Claudia Fabian
Zuhören und Hinhören
Uns selbst und anderen
128 Seiten
ISBN: 978-3-8434-1308-4

Wir alle kennen das: Wir wollen unserem Partner abends erzählen, was wir am Tag erlebt haben – doch dieser hat nur Augen und Ohren für sein Smartphone. Oder ein Bekannter berichtet uns von seinem letzten Urlaub – und wir driften gedanklich ab. Anderen aktiv zuzuhören und von unseren Mitmenschen gehört zu werden, ist in unserer schnelllebigen Zeit aufgrund der gestiegenen Anforderungen im privaten und beruflichen Umfeld zu einer Herausforderung geworden und dabei wichtiger denn je. Claudia Fabian gibt uns Übungen und Beispiele für das alltägliche Miteinander an die Hand, mit denen es uns leichtfällt, Balance in unsere zwischenmenschliche Interaktion zu bringen. Ebenso gilt es aber auch, auf uns selbst und unsere Bedürfnisse zu hören und unsere innere Stimme wahrzunehmen. Lernen wir wieder, bewusst zuzuhören – uns selbst und anderen.

Danke für deine REZENSION

– Gemeinsam sind wir mehr –

Liebe Leserin, lieber Leser,
von Herzen danken wir dir, dass du dieses Buch in den Händen hältst und es bis zum Ende gelesen hast. Das bedeutet uns, dem Schirner Verlag und seinen Autoren, sehr viel. Aus voller Überzeugung und mit Hingabe widmen wir uns seit vielen Jahren Themen, die unser aller Lebensqualität und Bewusstwerdung dienlich sind, und hoffen, einen Beitrag für eine lichtvollere Welt leisten zu können. Wenn dir unsere Arbeit gefällt, möchten wir dich bitten, dir einige Minuten Zeit zu nehmen, um dieses Buch zu rezensieren. Warum? Die meisten Menschen lesen Rezensionen, bevor sie ein Buch kaufen, da sie hierdurch einen Eindruck bekommen, ob und wie der Inhalt des Buches den Leser erreicht hat. Eine kurze Rezension ist dabei ebenso hilfreich wie eine lange, sehr ausführliche. Um es auf den Punkt zu bringen:
Eine Rezension ist heutzutage die beste Werbung für ein Autorenwerk!
Wenn du den Schirner Verlag und seine Autoren neben dem Buchkauf auch anderweitig unterstützen willst, dann bitten wir dich: Schreibe für jedes Werk eine Rezension – am besten auf der Seite, wo du es gekauft hast, und zusätzlich beim Schirner Verlag und bei Amazon. Das wäre nicht nur eine Wertschätzung für die Autoren, sondern kann dazu beitragen, dass die Verkaufszahlen steigen und der Schirner Verlag auch in herausfordernden Zeiten Bestand hat.

WIE SCHREIBT MAN EINE REZENSION?

Grundsätzlich sollte eine Rezension aus der eigenen, subjektiven Sicht geschrieben werden, da es sich um eine persönliche Meinung handelt. Du kannst in zwei Sätzen deine Gedanken zu dem Buch äußern oder eine längere Rezension verfassen. Falls du nicht weißt, wie du beginnen sollst, hier ein paar Anregungen:

- War das Buch leicht verständlich geschrieben? Wie hat dir die Sprache gefallen? Wie empfandest du die Aufteilung der verschiedenen Themen?
- War es unterhaltsam? War es deiner Meinung nach mit Herzblut und Liebe geschrieben? Wie hat es auf dich gewirkt?
- Hat es dein Herz berührt? Konntest du dich wiederfinden?
- War es tief greifend genug? Hast du viel Neues gelernt?
- Hat es gehalten, was der Titel und die Buchbeschreibung versprochen haben? Hat es deine Erwartungen erfüllt?
- Was macht das Buch besonders? Warum sticht es heraus im Vergleich zu anderen Büchern, die ein ähnliches Thema behandeln?
- Würdest du das Buch weiterempfehlen oder verschenken?

Dankeschön